DÉTECTIVE

200 COUVERTURES CULTES

éditions
TÉLÉMAQUE

ISBN : 978-2-7533-0447-5

DÉTECTIVE

200 COUVERTURES CULTES

éditions
TÉLÉMAQUE

Préface

De la naissance de *Détective*, il y a bientôt cent ans, l'on a tout dit ou presque. Porté par un quatuor de prestige – l'éditeur Gaston Gallimard, l'avocat Maurice Garçon, les frères Georges et Joseph Kessel – « le premier hebdomadaire de faits divers » n'a jamais dévié de sa mission d'origine. Celle de dire la vérité à ses lecteurs et de traquer le crime, « sous toutes ses formes ».

À travers ses victoires, ses crises et ses métamorphoses, le journal n'a depuis lors jamais cessé de garder à cœur sa vocation populaire – et le lectorat, toujours fidèle, a suivi.

Comment expliquer, malgré tout, son exceptionnelle longévité, son succès jamais démenti ? Il y a bien sûr ses histoires percutantes, son style vivant, ses « grandes causes » et ses petites recettes... Bien sûr. Mais pas seulement.

Car aux racines de l'engouement, il y a d'abord le premier contact, le premier choc, ce que l'on voit sans voir, et qui pourtant détermine tout le reste : la couverture du journal. Dès son premier numéro, le 25 octobre 1928, le soin porté à l'illustration éclate au grand jour. On y voit pleine page s'étaler une rue de Chicago, « capitale du crime ». L'angle en surplomb, pris dans la position du tireur embusqué, plonge d'entrée le lecteur dans le grand bain de la Prohibition. Bref, si l'on n'entend pas les crépitements des mitraillettes, la sirène des voitures pie ni les murmures de la foule, c'est tout comme !

Avec sa maquette dynamique, ses atmosphères immersives, *Détective* invente là le « récit photographique ». Aux grandes signatures des débuts (Germaine Krull, Elie Otar, Bérénice Abbott...) succédera une écurie de reporters maison, inlassables chasseurs d'images.

Dans un somptueux noir et blanc, les criminels s'invitent alors à la une du journal – empoisonneuses à voilette ou étrangleurs de concierges – nimbés de lumière blême, telles de magnifiques et maléfiques icônes... Plus tard, ce seront les dessins légendaires d'Angelo Di Marco, si prisés des collectionneurs, et leur remarquable sensation d'angoisse paroxystique. Encore plus tard, les photos déchirantes d'enfants-martyrs et les « titrailles » sensationnelles...

Toutes ces « couves », de fait, disent l'époque. Mieux : elles l'impriment. Pas à pas, une modernité après l'autre, *Détective* suit son temps, parfois le prend de vitesse, mais toujours s'accroche à la rétine. Ce livre, qui réunit 100 ans de couvertures, n'est pas seulement le témoignage historique d'un siècle de graphisme dans la presse populaire.

C'est aussi, et surtout, le « collector » définitif d'un monument de la *pop culture* à la française.

De quoi *Le Nouveau Détective* est-il le nom ?

En tournant les pages de ce livre, le lecteur s'étonnera peut-être des multiples changements de nom qu'aura connus le magazine. Parfois malgré lui, parfois de sa propre initiative. Entre coups de jeune et coups du sort, brève chronologie explicative :

1928 : Premier « magazine illustré de faits divers », il fallait au journal des frères Kessel un titre à la hauteur des énigmes qu'il contient. Un titre mystérieux. Un titre dans l'air du temps. Ce sera ***Détective***. Celui qui repère. Celui qui enquête. Celui qui élucide...

1946 : Au sortir de la guerre, Gallimard est à nouveau autorisé à pénétrer dans les locaux du journal, mis sous clefs cinq ans durant. Là, on constate la disparition des trois quarts de ses archives, pillées par les Allemands. Écœuré, le fondateur revend le titre aux éditions Beyler – lequel reparaît bientôt sous un titre légèrement dépoussiéré : ***Qui ? Détective.***

1958 : Puisqu'il n'est rien de tel que la simplicité, le journal retrouve son nom d'origine.

1979 : Misogyne, Détective ? Sous les feux croisés des militantes féministes et des pudibonderies giscardiennes (un bien étrange attelage...), le titre connaît la crise majeure de son histoire sous la forme d'une interdiction d'affichage et de vente aux mineurs. Le temps que les choses se tassent, il prend le nom de ***Qui ? Police.***

1982 : Mitterrand au pouvoir, la liberté de la presse reprend des couleurs. ***Détective*** aussi qui, réautorisé à porter son nom de baptême, s'accole un adjectif, ***Nouveau,*** qu'à travers les changements de propriétaires il ne quittera plus – jusqu'à nos jours.

30-40

- *Les années sépia* -

Des images – des images à profusion… C'est le coup de génie des fondateurs de *Détective*. En 1928, date de sortie en kiosque du premier numéro, il n'existe sur le marché aucun hebdomadaire illustré consacré aux faits divers. Si, côté plume, les frères Kessel se sont dotés d'une écurie de grands noms, côté image, le photoreportage se taille la part du lion. Sur papier sépia, s'affichent d'emblée de sublimes clichés noir et blanc : ambiances interlopes, portraits glacés, voire glaçants, comme surgis d'un film noir hollywoodien… Tourner ces pages, c'est admirer cette maquette dynamique, ces photomontages sophistiqués, façon roman-photo – tout un arsenal qui, dès sa naissance, inscrit le journal dans une modernité graphique sans équivalent.
Un charme rétro qui, près d'un siècle plus tard, séduit encore…

Exceptionnellement les deux premiers numéros 0 fr. 75

1re Année - n° 1 Tous les Jeudis 16 pages 1er Novembre 1928

DÉTECTIVE

Le grand hebdomadaire des faits-divers

Chicago, Capitale du Crime...

Après l'attentat en plein jour, en pleine rue, dont nous retraçons les dramatiques circonstances en page 3.

1re Année - N° 3 1 FRANC - TOUS LES JEUDIS - 16 PAGES 15 Novembre 1928

DÉTECTIVE

Le grand hebdomadaire des faits-divers

Paris la nuit...

Photo Germaine Krühl.

“... Sous ces mêmes escaliers, on trouva la tête de la victime du meurtre qui reste célèbre sous le nom du crime de la rue Botzaris...”

Lire en page 3 l'hallucinant reportage de J. Kessel.

Année - N° 6 1 FRANC - TOUS LES JEUDIS - 16 PAGES 6 Décembre 1928

DÉTECTIVE

Le grand hebdomadaire des faits-divers

Service de nuit

(Photo Eli Lotar).

Un désespéré se meurt... la Préfecture de Police est alertée... une limousine va s'élancer à travers Paris, avec le médecin de garde et son aide.

(Lire, page 3, notre grand reportage)

1re Année - N° 12 1 FRANC - TOUS LES JEUDIS - 16 PAGES 17 Janvier 1929

DÉTECTIVE

Le grand hebdomadaire des faits-divers

La Sorcière des Innuit

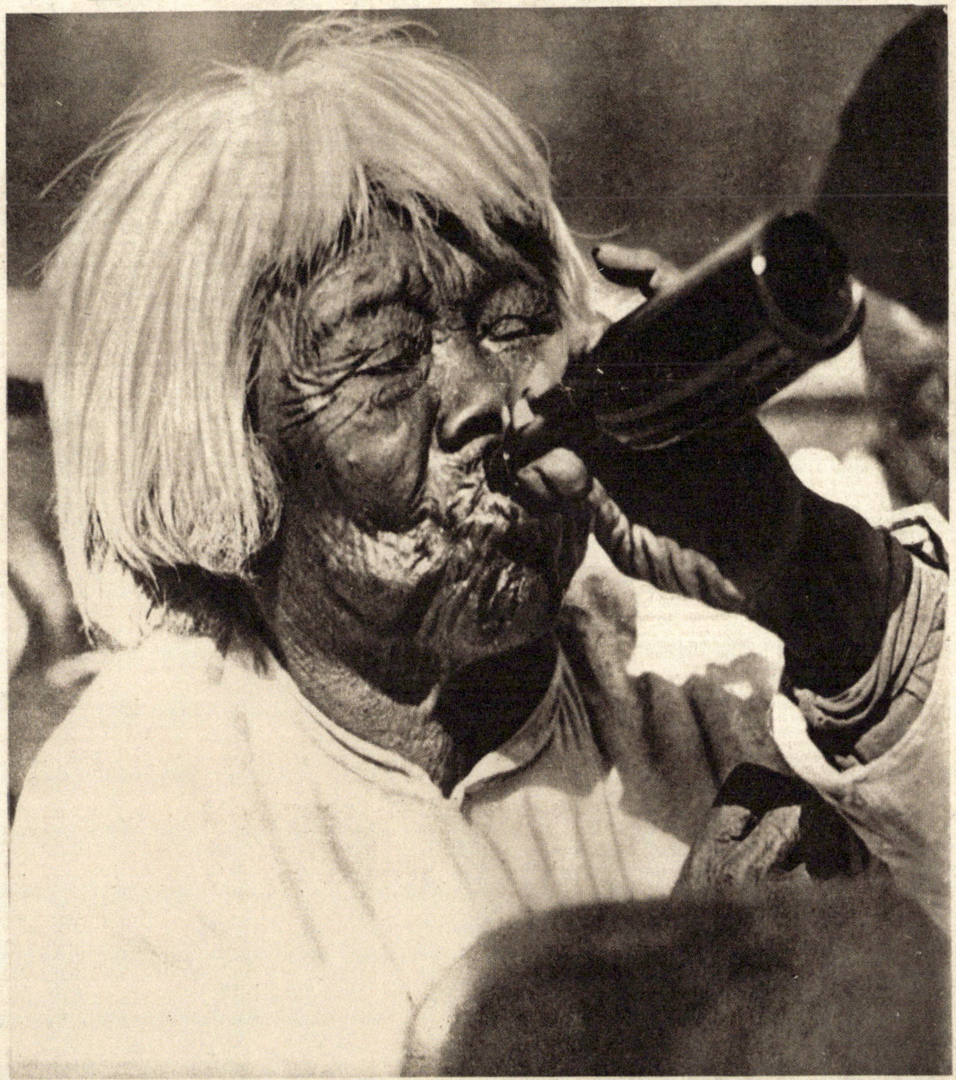

Elle a tué cinq de ses maris, cette esquimaude de 106 ans, ce qui ne l'empêche pas de boire impunément sa bouteille de rhum

(Lire, page 5, Crimes et Châtiments chez les tribus esquimaudes)

1re Année - N° 14 | 1 FRANC - TOUS LES JEUDIS - 16 PAGES | 31 Janvier 1929

DÉTECTIVE

Le grand hebdomadaire des faits-divers

Sing-Sing, reine des prisons

La musique adoucit les mœurs... Un gardien joue de l'orgue dans la prison centenaire de New-York

(Lire, page 3, l'article de notre correspondant particulier)

Le gérant : PARAIS

SOCIÉTÉ ANONYME DES PUBLICATIONS " ZED "
R. C. Seine n° 123.050 B 1

GEORGES LANG, Imp., 11 bis, rue Curial, Paris - 1929
Procédé HÉLIOS-ARCHEREAU

1re Année - N° 21 — 1 FRANC - TOUS LES JEUDIS - 16 PAGES — 21 Mars 1929

DÉTECTIVE

Le grand hebdomadaire des faits-divers

vous présente le premier des...

13

... mystères de son grand concours hebdomadaire

(Lire, page 2, le règlement et, page 7, L'AFFAIRE LEFRANÇOIS)

Le gérant : PARAIS

SOCIÉTÉ ANONYME DES PUBLICATIONS " ZED "
R. C. Seine n° 237.010 B

GEORGES LANG, Imp., 11 bis, rue Curial, Paris - 1929
Procédé Hélios-Archereau

1re Année - N° 21 1 FRANC - TOUS LES JEUDIS - 16 PAGES 21 Mars 1929

DÉTECTIVE

Le grand hebdomadaire des faits-divers

La drogue qui tue

(Photo S. G. Presse)

Il faut connaître les trucs et les audaces des trafiquants de stupéfiants pour se rendre compte de la difficulté qu'ont les polices de tous les pays à enrayer ce moderne fléau

(Lire, pages 3 et 4, nos révélations)

1re Année - N° 23 | 1 FRANC - TOUS LES JEUDIS - 16 PAGES | 4 Avril 192

DÉTE TIVE

Le grand hebdom s-divers

(Photo S. G. Pr

Un policeman est spécialement préposé, sur la plage de Lo Angeles, à mesurer la... décence des maillots et à dresser de proçès-verbaux aux baigneuses trop court-vêtues

Le gérant : Parain

SOCIÉTÉ ANONYME DES PUBLICATIONS " ZED "
R. C. Seine n° 237.050 B

Georges Lang, Imp., 11 bis, rue Curial, Par
Procédé Hélios-Archereau

1re Année - N° 27 1 FRANC - TOUS LES JEUDIS - 16 PAGES 2 Mai 1929

DÉTECTIVE

Le grand hebdomadaire des faits-divers

Un mage indésirable...

...c'est Sir Aleister Crowley qui vient d'être "refoulé" en Belgique. On lira, pages 3 et 4, nos révélations sur ce Raspoutine anglais

1re Année - N° 40 | 1 FR. 25 - TOUS LES JEUDIS - 16 PAGES | 1er Août 1929

DÉTECTIVE

Le grand hebdomadaire des faits-divers

Le danger des plages

Pour avoir arboré un costume fantaisiste, cette charmante baigneuse est appréhendée au sortir de l'eau, par le shérif et un policeman de Hermosa-Beach, en Californie.

Dans ce numéro : La suite des Mémoires de Michel Almazian.

3e Année - N° 82 1 FR. 50 - TOUS LES JEUDIS - 16 PAGES 22 Mai 1930

DÉTECTIVE

Le grand hebdomadaire des faits-divers

Marchés de femmes

Sur le chemin de Buenos-Ayres le sang coule quelquefois... Ce document, absolument unique, nous montre le chef de la police de Lisbonne, M. Barbora, quelques secondes après qu'un coup de feu tiré sur lui, en plein jour, par un « mangeur de blanc » l'a étendu mort, dans une mare de sang. L'assassin, que l'on voit en casquette à gauche de la palissade, s'enfuit sans qu'aucun garde ne songe à tirer sur lui. C'était dans le désordre d'un jour de révolution...

(Lire, en pages 8 et 9, le sensationnel reportage de Paul BRINGUIER sur « Le marché des femmes à Buenos-Ayres ».

Le plus fort tirage des illustrés du Monde

3e Année - N° 102 — 1 FR. 50 - TOUS LES JEUDIS - 16 PAGES — 9 Octobre 1930

DÉTECTIVE

Le grand hebdomadaire des faits-divers

Prisons de femmes

Francis Carco commence aujourd'hui son sensationnel reportage. Lire, pages 7, 8 et 9 : « A Saint-Lazare, la maison de campagne ».

Au sommaire de ce numéro — LES MYSTÈRES DU TOUQUET, par *Marcel Montarron* — HOLLYWOOD-CRIME, par *Roy Pinker*. — J'ACCUSE : par *M. Lecoq*. — CRIMES D'AUTREFOIS par *F. Boutel*. — AU NOM DE LA LOI : par *P. Bringuier*.— LE 13e JURÉ, etc...

Le grand hebdomadaire des faits-divers

3e Année - N° 108 | 1 FR. 50 - TOUS LES JEUDIS - 16 PAGES | 20 Novembre 1930

DÉTECTIVE

La mort lente...

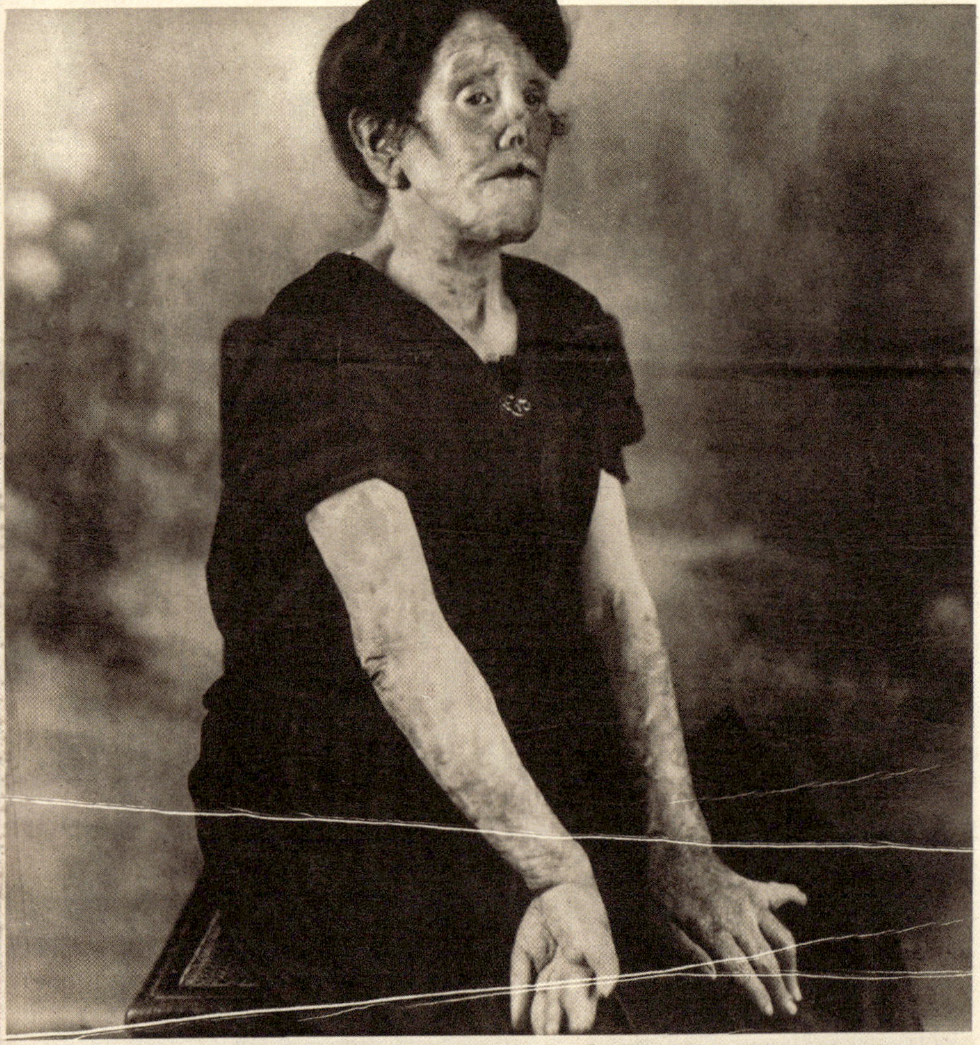

Le visage devient monstrueux, la chair fond... Ces damnés vivants, un de nos rédacteurs a pu les voir à la léproserie de Valbonne.

Lire, aux pages 3, 4 et 5, l'angoissant reportage de Pierre Rocher, seul journaliste qui ait réussi à visiter l'unique léproserie existant en France.

Le premier hebdomadaire des faits-divers

5e Année - N° 177 1 FR. 50 - TOUS LES JEUDIS - 16 PAGES 17 Mars 1932

DÉTECTIVE

Hantise d'assassin

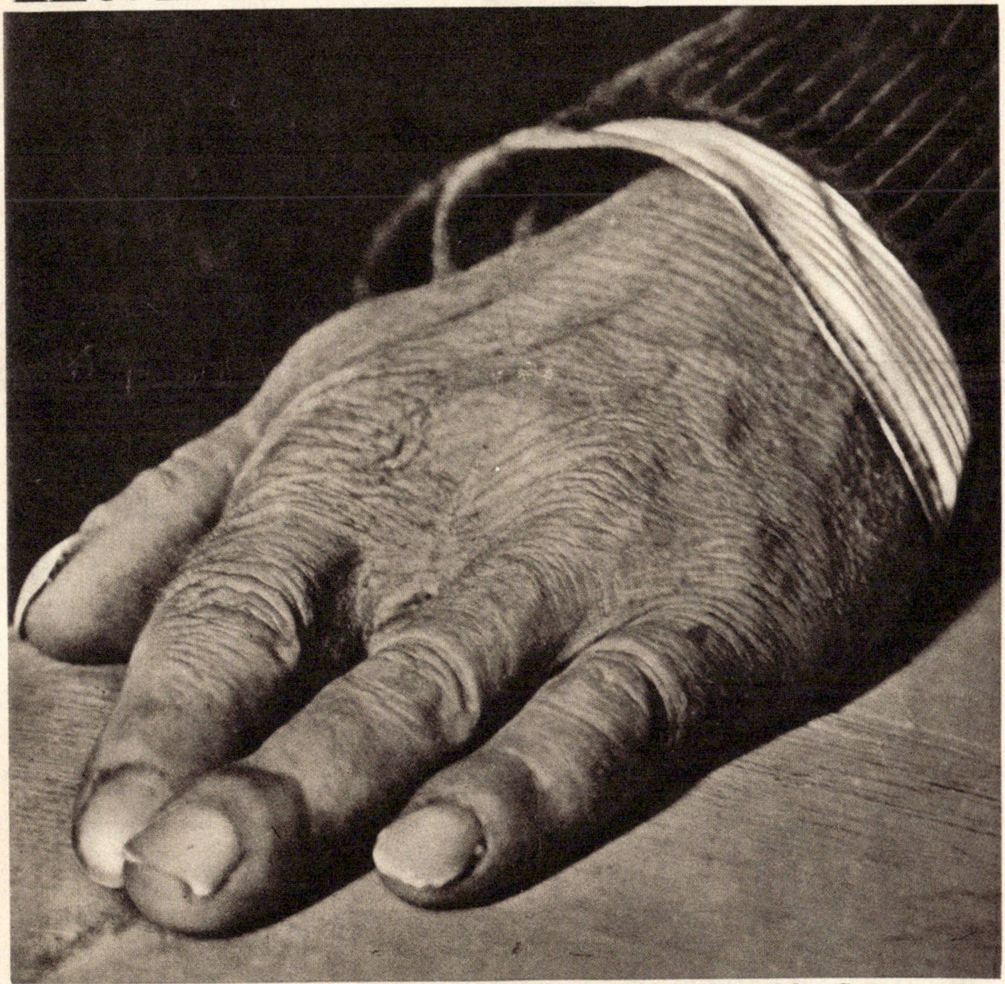

Le chemineau de Marseille avait une main estropiée. Cette main, et des rêves qu'il fit à voix haute, ont dénoncé l'assassin.

(Lire, page 7, le reportage de notre collaborateur Jean Castellano.)

Le premier hebdomadaire des faits-divers

Année - Nº 182 1 FR. 50 - TOUS LES JEUDIS 16 PAGES 21 Avril 1932

DÉTECTIVE

Drames de studios

Un fantôme glisse, ses mains d'étrangleur en avant... Jeux irréels de la mort, mais où se mêle, parfois, le plus cruel des drames.

(Lire, pages 8 et 9, l'émouvant reportage de notre collaborateur Marius Larique.)

AU SOMMAIRE DE CE NUMÉRO : **Service de nuit,** par Henri Drouin. – **L'Epervier des montagnes,** par le prince Margany. – **Le fermier farouche,** par Jean Castellano. – **Un " pourvoyeur ",** par J. Morières. – **Les émeutiers,** par C. Davy. – **Vienne-la-Rouge,** par N. Tassin. – **L'astuce du matelot,** par R. Soriano.

8 Pages
1 FRANC

NUMÉRO SPÉCIAL

Samedi
7 Mai 1932

DÉTECTIVE

30 secondes après...

...le Président Doumer, mortellement blessé, est transporté vers sa voiture par les témoins de l'abominable assassinat.

(Lire et voir, dans nos pages intérieures, le reportage complet sur l'attentat.)

Le premier hebdomadaire des faits-divers

Année - N° 185 — 1 FR. 50 - TOUS LES JEUDIS — 16 PAGES — 12 Mai 1932

DÉTECTIVE

Le secret de l'assassin

aul Gorguloff, l'assassin du Président de la République, est-il un étraqué solitaire, ou l'instrument d'une organisation terroriste?

(Lire, pages 8 et 9, l'enquête de notre collaborateur Marcel Montarron.)

SOMMAIRE CE NUMÉRO | **Le droit de grâce,** par Henri Danjou. – **Le verdict des tropiques,** par Bill Carlton. – **Un autre Fourvière,** par F. D. – **La porte ouverte,** par Etienne Hervier. – **Élections hors la loi,** par M. Larique. – **La jeunesse pourrie,** par XXX. – **Le mystère au trésor,** par Alex Coutet.

Le premier hebdomadaire des faits-divers

5e Année – N° 188 1 FR. 50 - TOUS LES JEUDIS 16 PAGES 2 Juin 1932

DÉTECTIVE

L'autopsie accuse

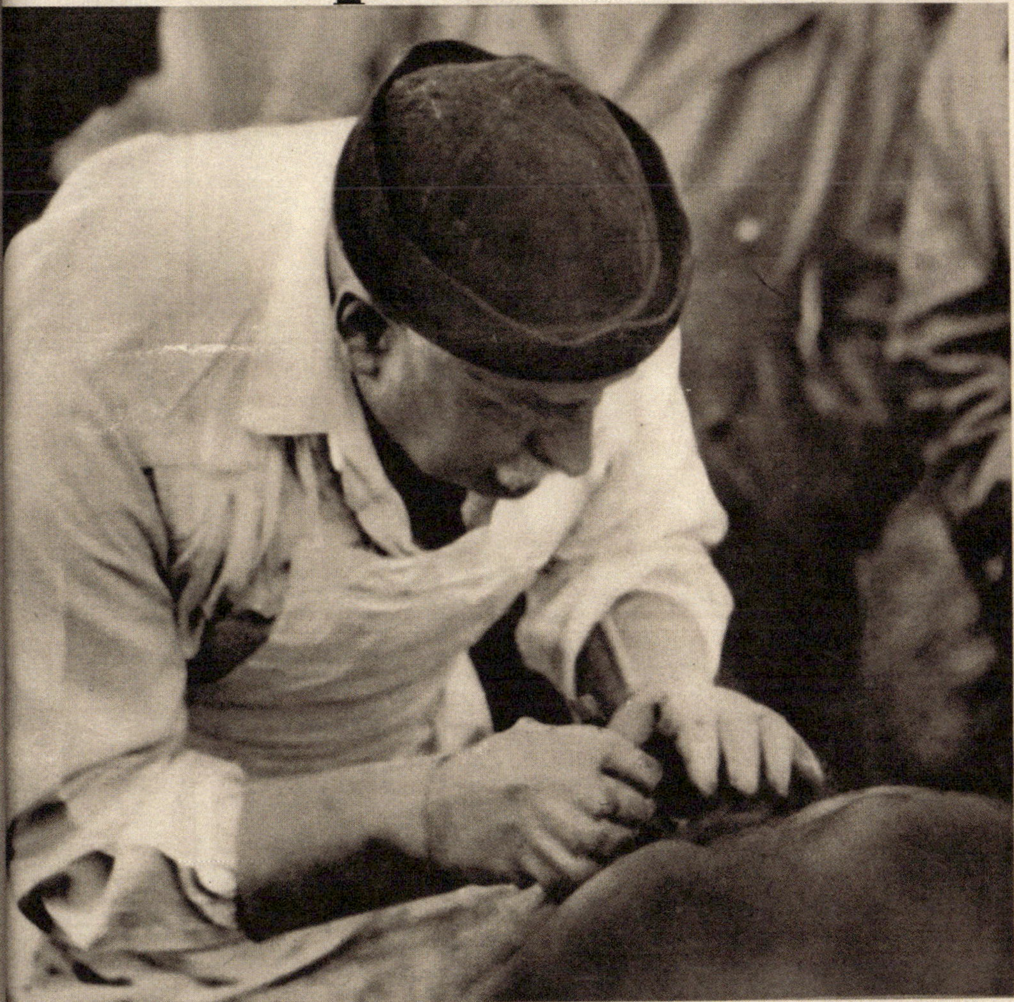

Survint le docteur Paul ; le célèbre médecin prouva que Mme Thiercelin avait été assassinée avant d'être jetée, morte, sur le bûcher.

(Lire, page 3, l'émouvant article de notre collaborateur Henri Danjou.)

Le premier hebdomadaire des faits-divers

5e Année - N° 205 | 1 FR. 50 - TOUS LES JEUDIS - 16 PAGES | 29 Septembre 1932

DÉTECTIVE

L'imbroglio tragique

Que de trouble et de mystère pèsent sur la double vie et sur la mort de David Ross, dont le cadavre étroitement ligoté fut découvert, l'autre dimanche, dans sa villa, par son fils Donald !

(Lire, pages 8 et 9, la curieuse enquête de notre collaborateur Henri Danjou.)

AU SOMMAIRE DE CE NUMÉRO : **Voleurs de grands chemins,** par W. T. – **Le destin du fauve,** par Marius Larique. – **La "survie" du guillotiné,** par Emmanuel Car. – **Le "demi-sel",** par Luc Dornain. – **L'assommeuse,** par Robert Hennumont. – **Le crime à travers les âges,** par Frédéric Boutet.

Le premier hebdomadaire des faits-divers

5e Année - N° 208 — 1 FR. 50 - TOUS LES JEUDIS - 16 PAGES — 20 Octobre 1932

DÉTECTIVE

« Je suis innocent... »

Mme Boutet, qui menait joyeuse vie à Rouen, n'a pas été brûlée vive par Falcou, dont la rumeur publique confirme l'innocence.

(Lire, pages 8 et 9, les révélations sensationnelles de notre envoyé spécial Étienne Hervier.)

AU SOMMAIRE DE CE NUMÉRO : **L'échafaud sur la place publique,** par Maggie Guiral. – **La bande cernée,** par M. B. – **Le tortionnaire,** par M. Lecoq. – **Faux-témoins,** par Jean Morières. – **La nouvelle "place",** par Marcel Montarron. – **Le rapt,** par Luc Dornain. – **Le crime à travers les âges,** par Frédéric Boutet.

Le premier hebdomadaire des faits-divers

6e Année - N° 224 1 FR. 50 - TOUS LES JEUDIS - 16 PAGES 9 Février 1933

DÉTECTIVE

Les brebis enragées

Deux anges? Non! Deux monstres qui, au Mans, arrachèrent les yeux de leurs patronnes. Orbites vides, crânes défoncés, mais vivantes encore, les victimes moururent après une atroce agonie.

(Lire, pages 3 et 7, l'enquête hallucinante de notre envoyé spécial F. Dupin.)

AU SOMMAIRE DE CE NUMÉRO **Démons et déments**, par Louis Roubaud. – **La loi de la mer**, par L. Palauqui. – **L'auberge aux rouliers**, par Luc Dornain. – **L'explosion de Billancourt**, par M. L. – **Le cadavre volé**, par J. Castellano. – **L'art du « milieu »**, par Maggie Guiral.

Le premier hebdomadaire des faits-divers

6e Année - N° 229 — 1 FR. 50 - TOUS LES JEUDIS - 16 PAGES — 16 Mars 1933

DÉTECTIVE

Triomphe de Falcou

Au milieu des siens, Falcou, acquitté triomphalement; Falcou, l'innocent, vide une coupe de champagne avec notre directeur, Marius Larique, qu'il vient de remercier en pleurant de joie.

(Lire, pages 12 et 13, le pathétique récit de notre collaborateur Marcel Montarron.)

AU SOMMAIRE DE CE NUMÉRO	**Les parricides du Nord,** par Luc Dornain. – **Les irrégulières,** par J. Guyon-Cesbron. – **La démente,** par Marcel Barbotte. – **Au bord du gouffre,** par Jacques Sarrat. – **Le cadavre nu,** par Pierre Rocher. – **L'énigme de Gaspard Hauser,** par Henry Bénazet.

Le premier hebdomadaire des faits-divers

6e Année - N° 230 | 1 FR. 50 - TOUS LES JEUDIS - 16 PAGES | 23 Mars 1933

DÉTECTIVE

Carnaval galant

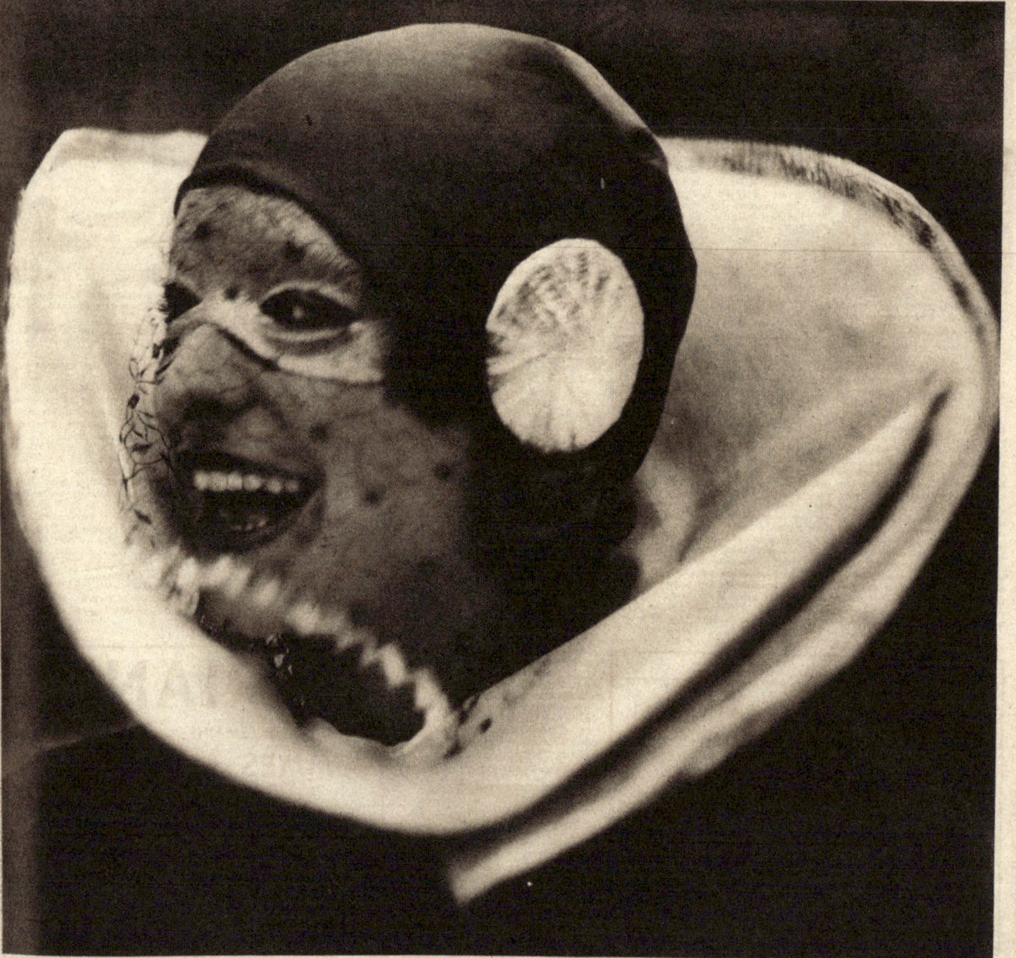

Sous le loup et la voilette noirs, l'Amour cache-t-il la femme du monde, la dactylo, la vendeuse — un peu folles en ce jour de Mi-Carême — ou la "fille" pour qui le masque est un appât de plus ?

(Lire, pages 8 et 9, le pittoresque reportage de notre correspondant de Nice, Pierre Rocher.)

AU SOMMAIRE DE CE NUMÉRO | **La ferme du péché,** par Emmanuel Car. — **Le vieillard égorgé,** par Louis Palauqui. — **Le contrat rompu,** par Luc Dornain. — **La révolte des filles,** par Jean Morières. — **L'esclave,** par M. Lecoq. — **Les irrégulières,** par Jean Guyon-Cesbron. — **Hold hup!,** par Jacques Feyder.

Le premier hebdomadaire des faits-divers

6e Année - N° 231 | 1 FR. 50 - TOUS LES JEUDIS - 16 PAGES | 30 Mars 1933

DÉTECTIVE

Usines de Rêve

Des milliers de damnés n'ont plus foi au miracle des poisons. Mais la mortelle extase de l'héroïne, fille perfide de l'opium, a peu à peu supplanté la subtile ivresse du Dieu des ténèbres.

(Lire, pages 4 et 5, la suite de l'impressionnante enquête de notre collaborateur Marcel Montarron.)

AU SOMMAIRE DE CE NUMÉRO : **Rescapé du bagne,** par J.-P. Bouguennec. – **La Mi-Carême des folles,** par M. Carrière. – **Le cosaque blanc,** par J. Barraud. – **L'énigme de Kéroman,** par Luc Dornain. – **Les allées d'amour,** par Roy Pinker. – **Le profanateur,** par J. Scherb. – **Voleur de crânes,** par G. Strem.

Le premier hebdomadaire des faits-divers

6e Année - N° 254 | 1 FR. 50 - TOUS LES JEUDIS - 16 PAGES | 7 Septembre 1933

DÉTECTIVE

La fille aux poisons

Après avoir froidement accompli son ténébreux forfait, Violette Nozières, torturée par son secret monstrueux, va faire maintenant, jour après jour, le terrible apprentissage du châtiment.

(Lire, pages 3, 4 et 5, l'enquête pathétique de notre collaborateur Henri Danjou.)

Le premier hebdomadaire des faits-divers

6e Année - N° 260 1 FR. 50 - TOUS LES JEUDIS - 16 PAGES 19 Octobre 1933

DÉTECTIVE

Faubourg-Montmartre

Centre élu de la pègre, déversoir du flux trouble qui dévale de la Butte et remonte des Halles, le Faubourg exhibe, chaque soir, ses girls de l'asphalte, parade étincelante de l'amour vénal.

(Lire, pages 8 et 9, le pittoresque et pathétique reportage de notre collaborateur Paul Bringuier.)

Le premier hebdomadaire des faits-divers

6e Année - N° 261 | 1 FR. 50 - TOUS LES JEUDIS - 16 PAGES | 26 Octobre 1933

DÉTECTIVE

Le trio macabre

Une peur glacée, la peur du châtiment, plane sur le box où Catherine, Philomène et Sarret, livides, se courbent sous le poids de leur procès, dont l'issue semble déjà guettée par le bourreau.

(Lire, page 3, le dramatique reportage de notre envoyé spécial à Aix, Pierre Mac Orlan.)

AU SOMMAIRE DE CE NUMÉRO { **Le « cas » Nozières,** par Maggie Guiral. — **Kilomètre 13,** par Léon Ferrandez. — **Souvenirs d'un "chien écrasé",** par Alain Laubreaux. **Confession d'un geôlier,** par Pierre La Mazière. — **Le retour de l'évadé,** par Marcel Montarron. — **Les fanatiques,** par G. Faralicq.

Le premier hebdomadaire des faits-divers

7e Année - N° 271 — 1 FR. 50 - TOUS LES JEUDIS - 16 PAGES — 4 Janvier 1934

DÉTECTIVE

1934

ouvre ses yeux inquiets,
affolés, sur l'avenir
lourd de haines, de drames
et de catastrophes

NUMERO SPECIAL

7e Année - N° 272 — 1 FR. 50 - TOUS LES JEUDIS - 16 PAGES — 11 Janvier 1934

DÉTECTIVE

L'HOMME AUX DOIGTS D'OR

STAVISKY

Lire, pages 7, 8, 9, 10 et 11, les révélations sensationnelles de notre collaborateur P. BRINGUIER

Le premier hebdomadaire des faits-divers

7e Année - N° 274 — 1 FR. 50 - TOUS LES JEUDIS - 16 PAGES — 25 Janvier 1934

DÉTECTIVE

LIRE, PAGES 7, 8 ET 9, LE GRAND REPORTAGE DE Pierre MAC ORLAN

LES RUES SECRÈTES

Avec leurs fenêtres barricadées de fer, les maisons d'illusion de Tunis ressemblent à des prisons dont les pensionnaires, même jeunes et jolies, ne sont, en effet, que de mornes recluses.

AU SOMMAIRE DE CE NUMÉRO : **Maître-chanteurs,** par Henri Danjou. – **Avant l'oubli...,** par Marcel Montarron. – **L'âme pourrie,** par G. Strem. – **La valse des billets,** par J. Morières. – **La grotte d'amour,** par F. Dupin. – **Mystères du monde,** par P. Bringuier. – **Les secrets de la police,** par J. Peuchet.

Le premier hebdomadaire des faits-divers

7e Année - N° 304 — 1 FR. 50 - TOUS LES JEUDIS - 16 PAGES — 23 Août 1934

DÉTECTIVE

LES FAMÉLIQUES

Trop de pauvres hères traînent à l'abandon, sans l'espoir de trouver du travail, sur les trottoirs de Paris et de la banlieue. L'un d'eux, parfois, quitte soudain les rangs de cette horde de misère et se transforme en malfaiteur.

(Lire, pages 8 et 9, le saisissant reportage de notre collaborateur Henri **DANJOU**.)

AU SOMMAIRE DE CE NUMÉRO : **33 contre 1,** par Luc Dornain. – **Graines au vent,** par Jacques Dyssord. – **Le film hebdomadaire,** par Marius Larique. – **Henri Suurs, bandit,** par Emmanuel Car. – **La dîme de Maya,** par H. Bécriaux. – **L'enfourné du Mas Dieu,** par Jacques d'Olonnes.

LE PLUS GRAND HEBDOMADAIRE DES FAITS DIVERS

7e Année — No 316

1 fr. 50

16 PAGES

Tous les Jeudis

15 Novembre 1934

DETECTIVE

BAGNES D'ENFANTS

Une nouvelle enquête administrative est ouverte sur ces odieuses « maisons d'éducation surveillée » où finissent de se pourrir des adolescents que, souvent, la misère seule a contaminés. Rien ne saurait mieux éclairer M. le garde des Sceaux que le magistral et pathétique reportage (pages 2, 3 et 6) du grand écrivain

LOUIS ROUBAUD

LE PLUS GRAND HEBDOMADAIRE DES FAITS DIVERS

8e Année – N° 332

1 fr. 50

Le jeudi 16 PAGES

7 Mars 1935

DIRECTEUR : Marius LARIQUE

DETECTIVE

L'ASSASSINAT DE "COU TORDU"

Pages 2 et 3, nos révélations sur la vie mystérieuse de la veuve Masbou,

L'ÉPICIÈRE ÉTRANGLÉE DE LA RUE LAMARCK

DETECTIVE

LE PLUS GRAND HEBDOMADAIRE DES FAITS DIVERS

8e Année — N° 364

1 fr. 50

Le jeudi 16 PAGES

17 Octobre 1935

DIRECTEUR : Marius LARIQUE

LE DIABLE AU CLOCHER

Six tentatives d'incendie dans l'hospice du Grand-Lucé... La population accuse la Mère Supérieure...

Pages 2 et 3, l'enquête de Marcel MONTARRON sur cette étrange et diabolique énigme.

LE PLUS GRAND HEBDOMADAIRE DES FAITS DIVERS

8e Année – No 374

1 fr. 50

Le jeudi 16 PAGES

26 DÉCEMBRE 1935

DIRECTEUR : Marius LARIQUE

DETECTIVE

NOËL D'HOLLYWOOD

NOS RÉVÉLATIONS SUR LA MORT MYSTÉRIEUSE DE THELMA TODD, LA VAMP-VÉNUS (voir, pages 12 et 13).

LE PLUS GRAND HEBDOMADAIRE DES FAITS DIVERS
9e Année – No 379
1 fr. 50
Le jeudi 16 PAGES
30 JANVIER 1936
DIRECTEUR :
Marius LARIQUE

DETECTIVE

GANGSTERS DE PARIS

Un chef de bande, Botchaco, vient d'être arrêté. Mais d'autres courent toujours, impunis, dont l'exemple fait surgir de redoutables émules.

Lire, pages 4 et 5 : SOMMES-NOUS DÉFENDUS ? une saisissante enquête de **Paul BRINGUIER.**

LE PLUS GRAND HEBDOMADAIRE DES FAITS DIVERS

9e Année – N° 387

1 fr. 50

Le jeudi 16 PAGES

26 MARS 1936

DIRECTEUR : Marius LARIQUE

DETECTIVE

La Révolte des Maudits

Lire, pages 6 et 7, l'émouvante enquête de HENRI DANJOU sur la mutinerie des jeunes reclus d'Aniane

DETECTIVE

LE PLUS GRAND HEBDOMADAIRE DES FAITS DIVERS

9e Année – N° 391

1 fr. 50

Le jeudi 16 PAGES

23 AVRIL 1936

DIRECTEUR : Marius LARIQUE

La Guerre du Crime

A la pègre d'hier, à l'apache 1900, s'est substitué le redoutable gangster moderne.

L'armée de la loi est-elle assez forte, assez outillée, pour tenir en échec l'armée du crime ?

Pages 2, 3, 4 et 5, une saisissante enquête de **Marcel MONTARRON.**

DETECTIVE

LE PLUS GRAND HEBDOMADAIRE DES FAITS DIVERS

9e Année – N° 393

1 fr. 50

Le jeudi 16 PAGES

7 MAI 1936

DIRECTEUR : Marius LARIQUE

DÉDÉ-LA-TERREUR *est abattu...*

Pages 4 et 5, les révélations de **NOEL PRICOT** sur l'exécution, à Malakoff, d'André Messner

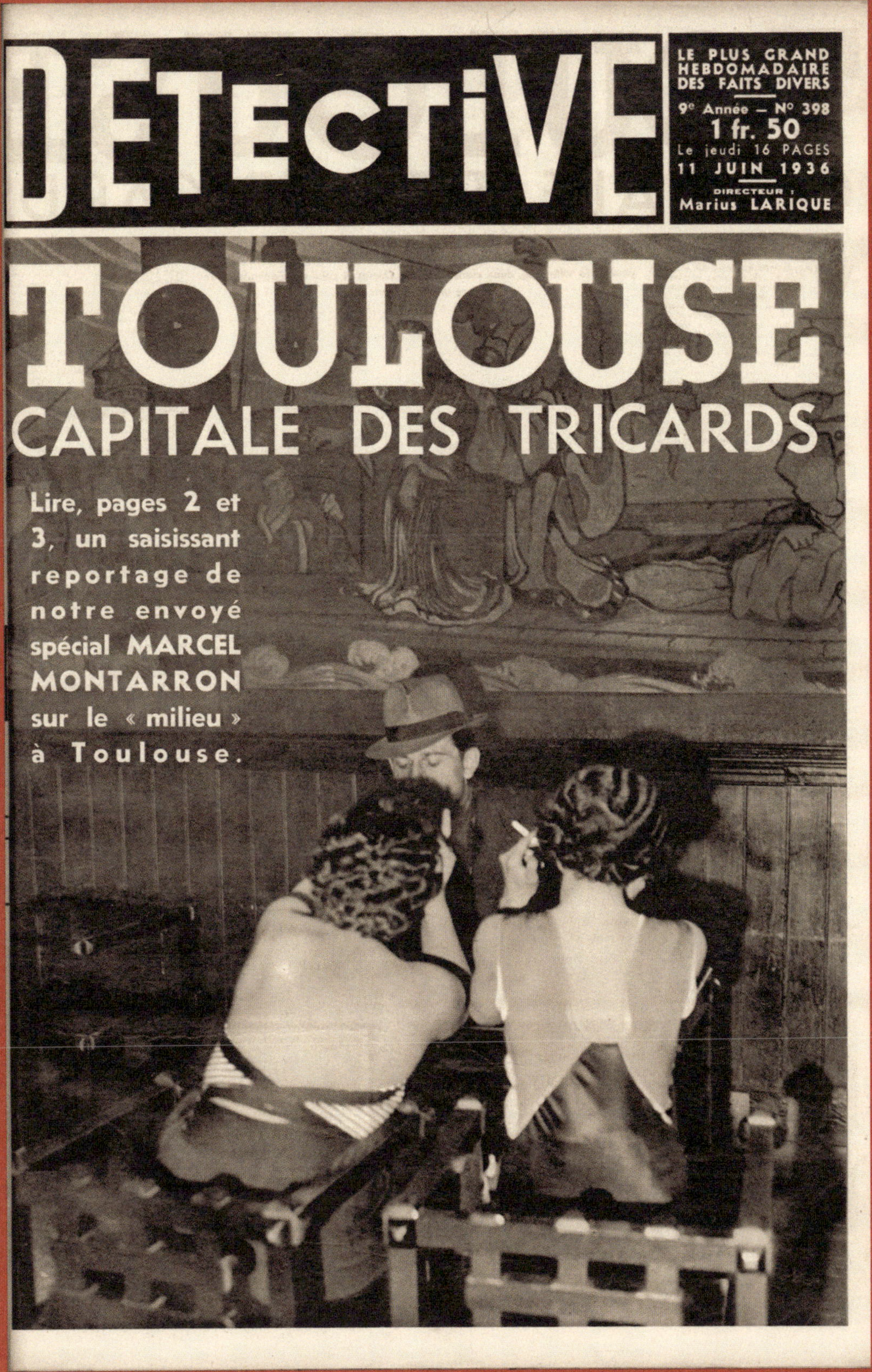

DETECTIVE

LE PLUS GRAND HEBDOMADAIRE DES FAITS DIVERS

9e Année — N° 398

1 fr. 50

Le jeudi 16 PAGES

11 JUIN 1936

DIRECTEUR : Marius LARIQUE

TOULOUSE

CAPITALE DES TRICARDS

Lire, pages 2 et 3, un saisissant reportage de notre envoyé spécial **MARCEL MONTARRON** sur le « milieu » à Toulouse.

DETECTIVE

LE PLUS GRAND HEBDOMADAIRE DES FAITS DIVERS

9e Année – N° 402

1 fr. 50

Le jeudi 16 PAGES

9 JUILLET 1936

DIRECTEUR :
Marius LARIQUE

LE MASSACRE DES JUIFS

En Palestine, en Algérie, des pogroms ont commencé. Et le peuple juif, au destin tragique, doit pleurer ses morts au moment où il croyait retrouver une patrie.

Pages 2 et 3, le dramatique reportage de notre envoyé, **Henri DANJOU**

DETECTIVE

LE PLUS GRAND HEBDOMADAIRE DES FAITS DIVERS

9e Année — N° 406

1 fr. 50

Le jeudi 16 PAGES

6 AOUT 1936

DIRECTEUR : Marius LARIQUE

La loi du fusil

Sans répit, sans quartier, les Espagnols, blancs contre rouges, poursuivent, depuis plus de quinze jours déjà, leur atroce assassinat collectif

Pages 4, 5 et 6, les récits dramatiques de nos envoyés spéciaux **Henri DANJOU** et **Claude BLANCHARD**

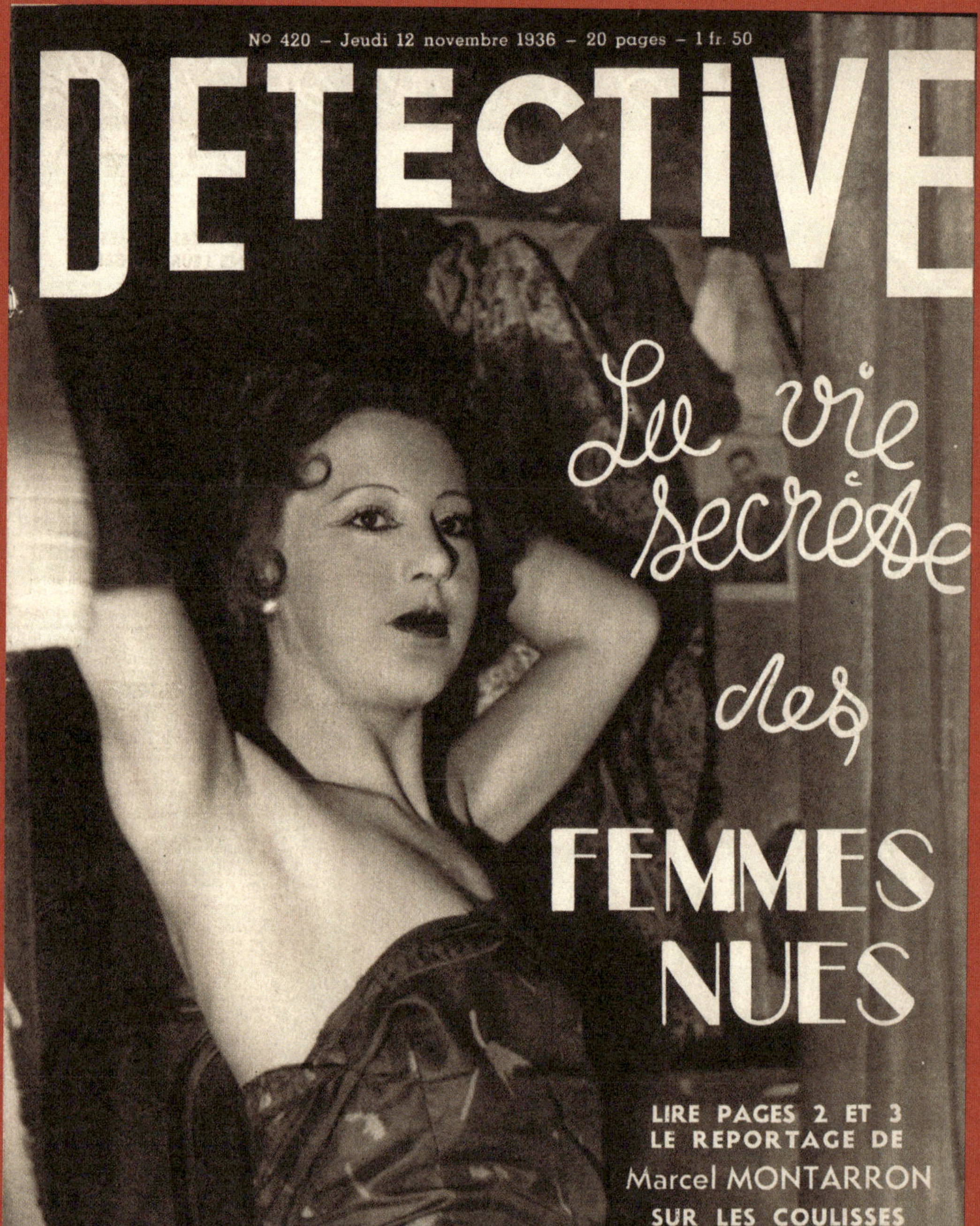
N° 420 - Jeudi 12 novembre 1936 - 20 pages - 1 fr. 50
DETECTIVE
La vie secrète des
FEMMES NUES
LIRE PAGES 2 ET 3
LE REPORTAGE DE
Marcel MONTARRON
SUR LES COULISSES
DU MUSIC-HALL

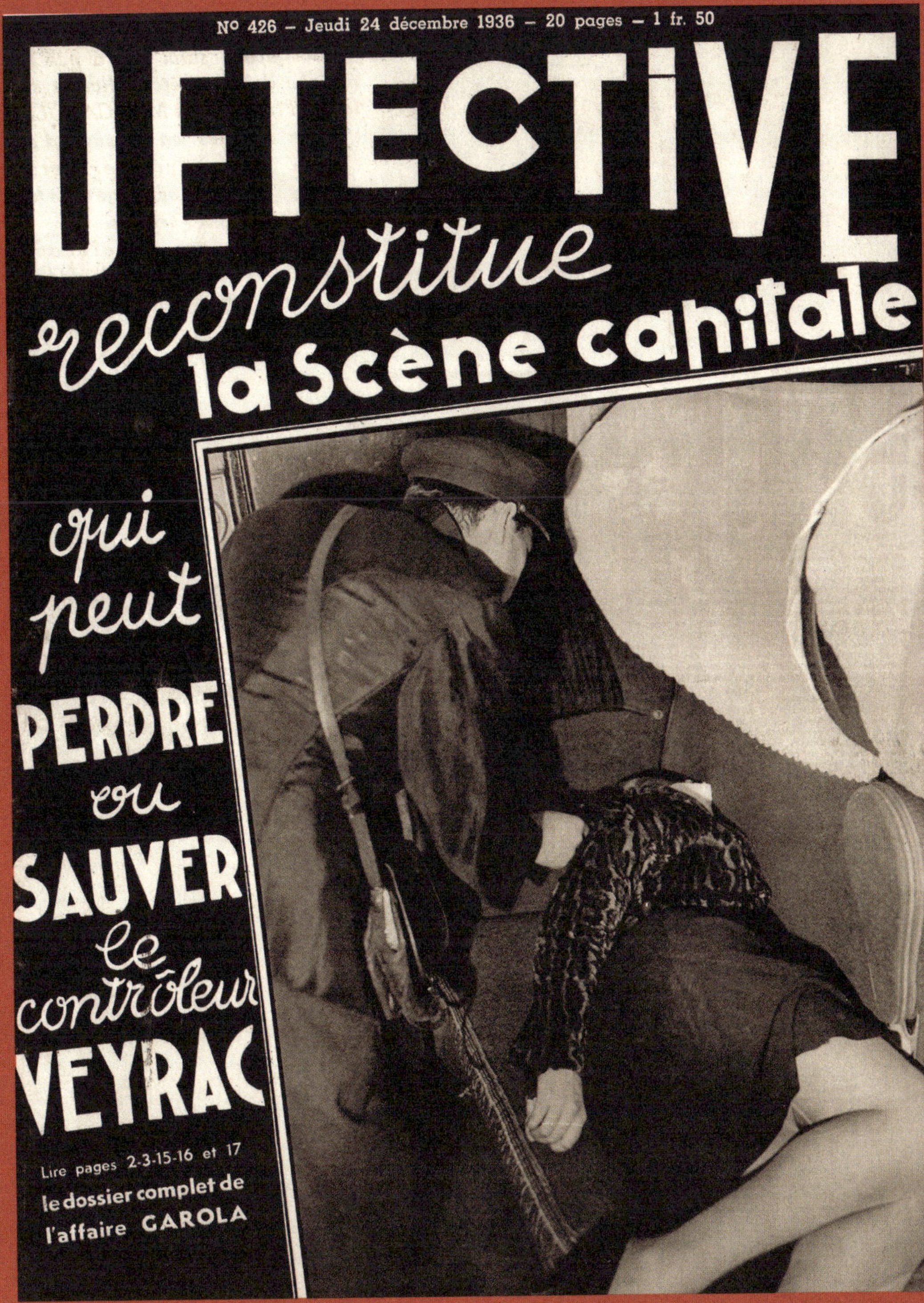
N° 426 – Jeudi 24 décembre 1936 – 20 pages – 1 fr. 50
DETECTIVE
reconstitue
la Scène capitale
qui
peut
PERDRE
ou
SAUVER
le
contrôleur
VEYRAC
Lire pages 2-3-15-16 et 17
le dossier complet de
l'affaire GAROLA

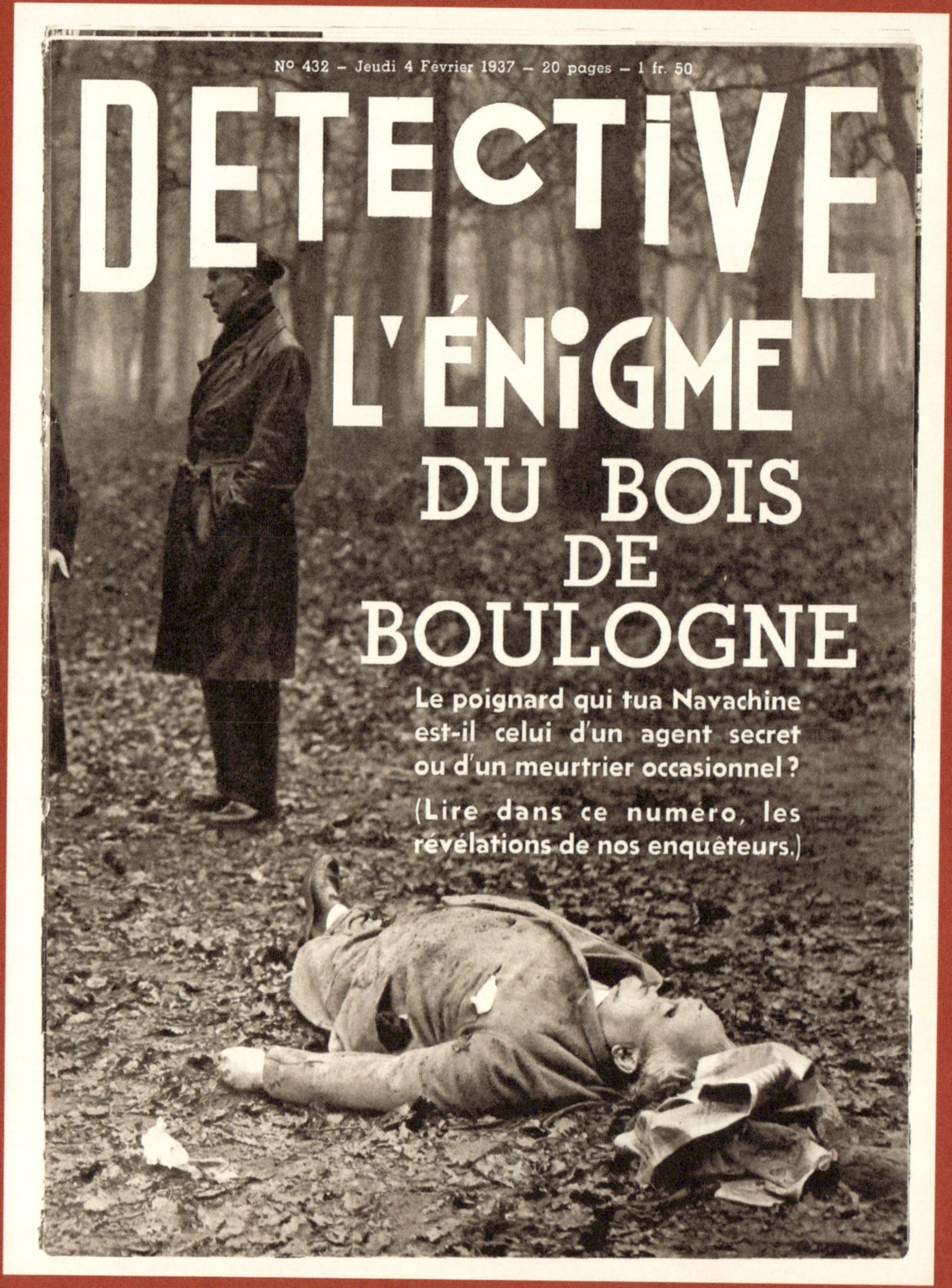

Nº 432 – Jeudi 4 Février 1937 – 20 pages – 1 fr. 50

DETECTIVE

L'ÉNIGME DU BOIS DE BOULOGNE

Le poignard qui tua Navachine est-il celui d'un agent secret ou d'un meurtrier occasionnel ?

(Lire dans ce numéro, les révélations de nos enquêteurs.)

N° 440 – Jeudi 1er Avril 1937 – 1 fr. 50
DETECTIVE
un meurtrier
VOUS
PARLE...
Il évoque, pages 2 et 3, les heures tragiques vécues entre son crime et son arrestation
par
Stellio CHAMOURAT

N° 448 – Jeudi 27 Mai 1937 – 1 fr. 50
DETECTIVE
LE CRIME DU METRO
1re CLASSE
DIRECTION
PORTE DE CHARENTON
LE FAIT DIVERS
LE PLUS SENSATIONNEL
LE ROMAN POLICIER
LE PLUS MYSTÉRIEUX
DE L'ÉPOQUE

N° 457 – Jeudi 29 Juillet 1937 – 1 fr. 50
DETECTIVE
commence cette semaine
LES MEMOIRES D'UN PLACEUR
Ce qui n'a jamais été dit
SUR LA PROSTITUTION

N° 469 – Jeudi 21 Octobre 1937 – 1 fr. 50

DETECTIVE

PRÉSENTE

UNE INNOVATION SENSATIONNELLE

L'ŒIL DU TÉMOIN

Avec le portrait anthropométrique filmé, la recherche des criminels serait plus facile

Lire, pages 2 et 3, l'exposé de Harry GREY.

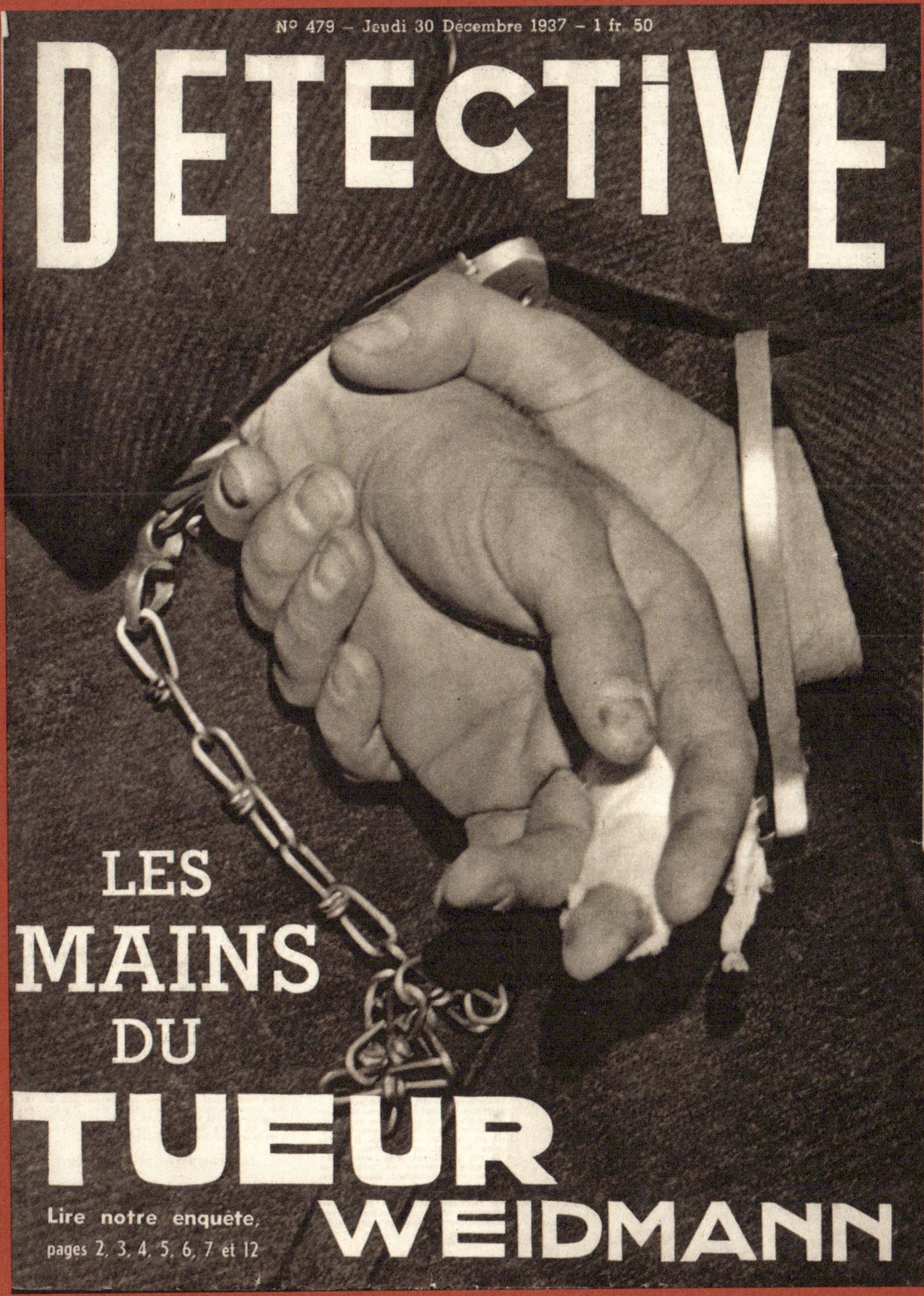
N° 479 – Jeudi 30 Décembre 1937 – 1 fr. 50
DETECTIVE
LES
MAINS
DU
TUEUR
WEIDMANN
Lire notre enquête,
pages 2, 3, 4, 5, 6, 7 et 12

Nº 482 – Jeudi 20 Janvier 1938 – 1 fr. 75
DETECTIVE
TERRORISME
Les aveux de LOCUTY
ingénieur à Clermont-Ferrand, ont projeté la lumière sur les attentats du
C.S.A.R.

N° 487 – Jeudi 24 Février 1938 – 1 fr. 75

DETECTIVE

SIGOYER
assassin ou fou

Bernardi de Sigoyer qui vient d'être inculpé d'assassinat par le juge de Rambouillet rit franchement. Son avocat a l'air beaucoup moins rassuré.

Lire, pages 2 et 3, l'enquête d'Hubert BOUCHET.

N° 505 – Jeudi 30 Juin 1938 – 1 fr. 75
DETECTIVE
SCOTLAND YARD
par
l'Inspecteur Principal Piguet
LIRE SES RÉVÉLATIONS SUR LE CÉLÈBRE
CORPS DE POLICE ANGLAISE
EN PAGES 2, 3, 4 et 5.

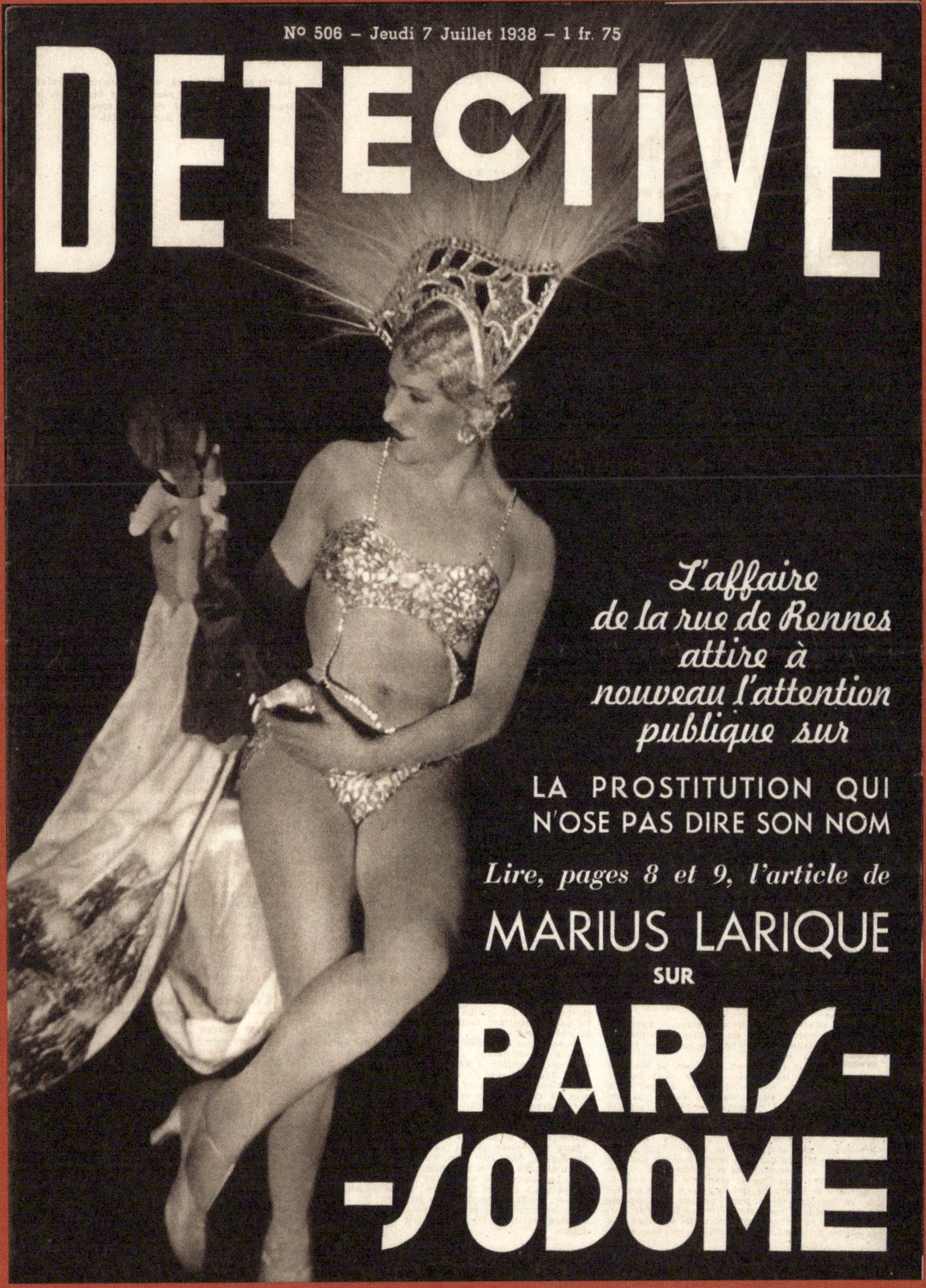
N° 506 – Jeudi 7 Juillet 1938 – 1 fr. 75
DETECTIVE
L'affaire de la rue de Rennes attire à nouveau l'attention publique sur
LA PROSTITUTION QUI N'OSE PAS DIRE SON NOM
Lire, pages 8 et 9, l'article de
MARIUS LARIQUE
SUR
PARIS-SODOME

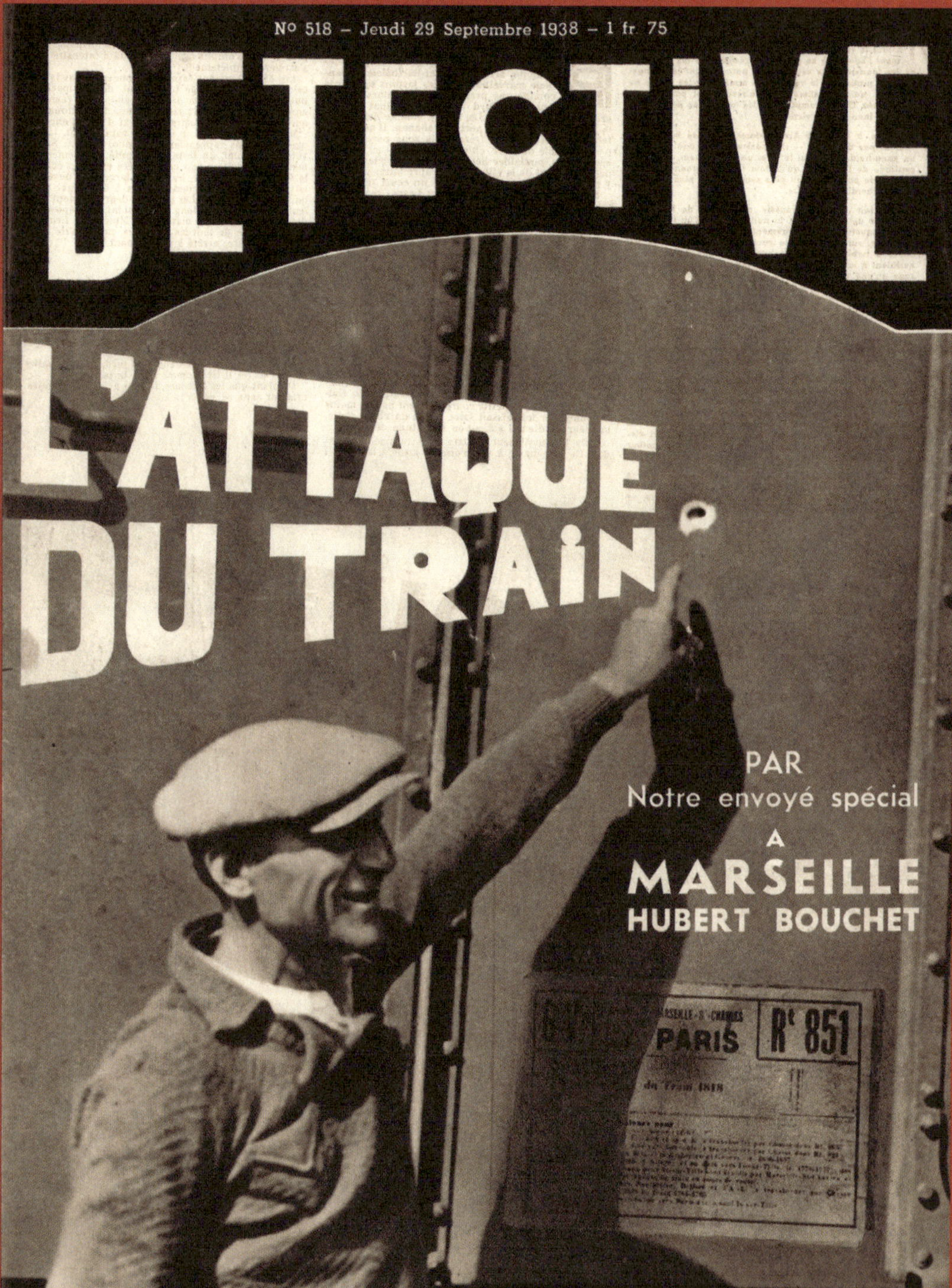
No 518 – Jeudi 29 Septembre 1938 – 1 fr. 75
DETECTIVE
L'ATTAQUE DU TRAIN
PAR
Notre envoyé spécial
A
MARSEILLE
HUBERT BOUCHET
PARIS

No 538 – Jeudi 16 Février 1939 – 1 fr. 75
DETECTIVE
LA GUERRE
DES
OMBRES
De nombreux individus arrêtés récemment, mettent une fois de plus la grave question de l'espionnage à l'actualité.
Lire le début du grand reportage de
HUBERT BOUCHET

N° 553 – Jeudi 1er Juin 1939 – 1 fr. 75
DETECTIVE
SENSATIONNEL REPORTAGE EN GUYANE
LE BAGNE
Notre envoyé spécial Pierre Martineau a, pour la première fois, photographié les forçats dans leur cellule, à la réclusion de l'Ile Saint-Joseph

DETECTIVE
No 558 – Jeudi 6 Juillet 1939 – 1 fr. 75
NOS GRANDES ENQUÊTES
LA CONTREBANDE traquée
LA VIE DANGEREUSE DES DOUANIERS, par HUBERT BOUCHET

DETECTIVE
N° 566 – Jeudi 31 Août 1939 – 1 fr. 75
Non seulement la défense active de Paris est difficile à percer, mais sa défense passive est parfaitement au point : vous en serez convaincu en lisant le reportage de
HUBERT BOUCHET
Si les bombes tombaient...
...la Capitale est parée contre les bombardements aériens

DETECTIVE
N° 568 – Jeudi 14 Septembre 1939 – 1 fr. 75
la Garde des Mers
Contre les sous-marins pirates, ces assassins des mers, les flottes anglaise et française combattent victorieusement

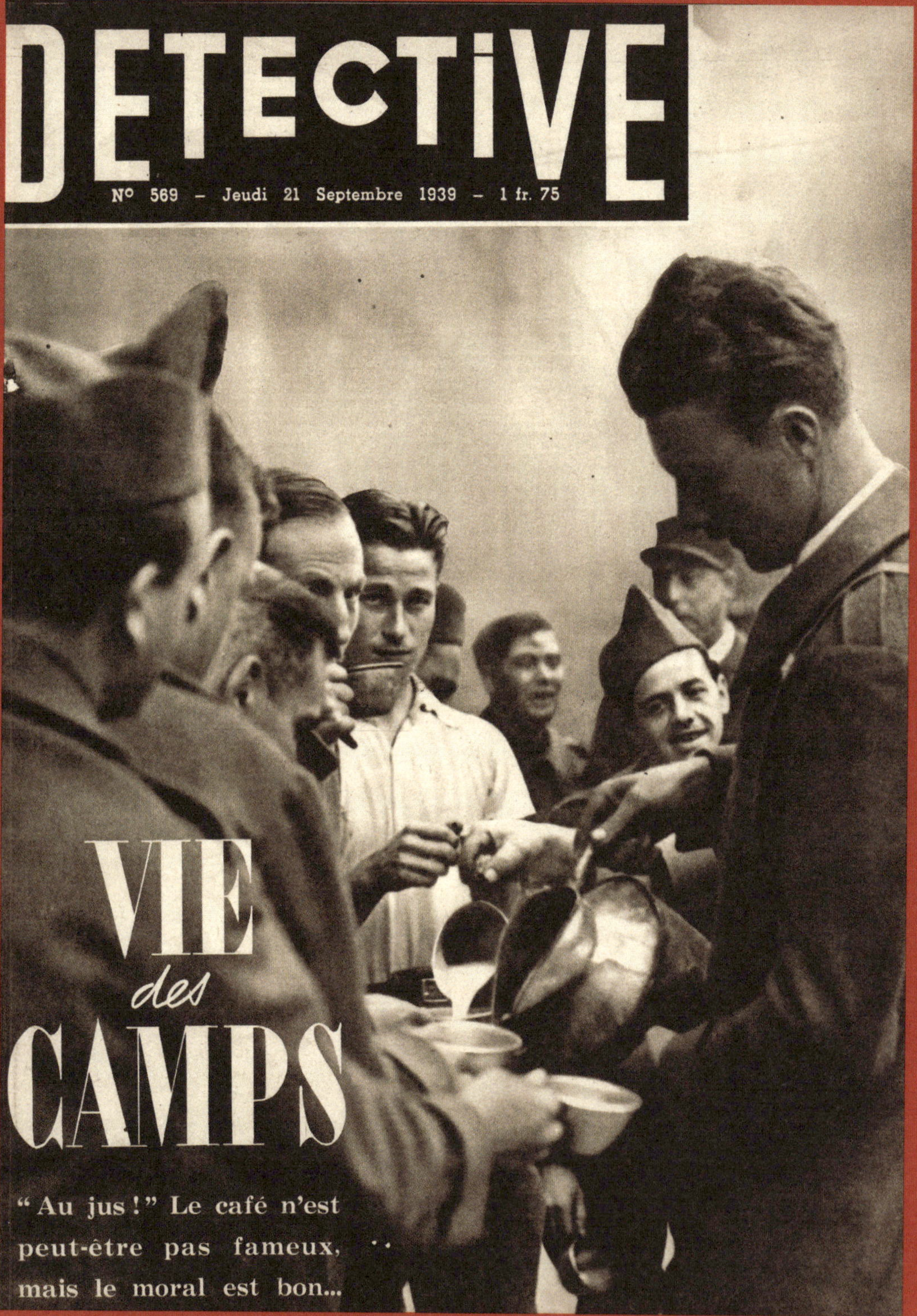
DETECTIVE

N° 569 – Jeudi 21 Septembre 1939 – 1 fr. 75

VIE
des
CAMPS

“Au jus !” Le café n’est peut-être pas fameux, mais le moral est bon...

DETECTIVE

Nº 572 – Jeudi 26 Octobre 1939 – 1 fr. 75

les 5 Monstres de la Gestapo

De la "bauge du vampire" – c'est ainsi qu'on dénomme à Berlin, la retraite de Buch, l'un des cinq monstres – on voit parfois sortir des femmes brisées, des femmes "aux yeux de mortes".

Des sujets sociétaux et politiques font la une au cours des années 30.

À partir de septembre 1939 : les sujets d'actualité liés à la guerre font désormais la une chaque semaine. Le dernier numéro de Détective paraît le 30 mai 1940. Un mois plus tard, les Allemands perquisitionnent les locaux et en interdisent l'accès.

DETECTIVE
N° 585 – Jeudi 22 Février 1940 – 2 francs
la Fin tragique
des
Mages
d'Hitler

DETECTIVE
N° 598 – Jeudi 23 Mai 1940 – 2 francs
DEVANT
LA RUÉE

DETECTIVE
Directeur :
MARIUS LARIQUE
GUERRE DE GITANS
VIE ET MŒURS
DES ROMANICHELS
Lire, pages 6 et 7, le passionnant reportage
sur la tuerie de Clermont-Ferrand

DETECTIVE

LE GRAND HEBDOMADAIRE DES FAITS DIVERS

N° 172 - 17 octobre 1949 — *TOUS LES LUNDIS* — **25 frs** — BELGIQUE : 5 fr. BELGES

Accusé d'être « le meurtrier des vignes » du LAVANDOU, *mais vigoureusement défendu par* DÉTECTIVE *voilà déjà un an,*

GINO CORNI INNOCENT

vient de quitter cette geôle. Mais il faut maintenant lui rendre ***son honneur !***

(*Pages 6 et 7*).

50-60

- *Les années brutales* -

La guerre et son cortège d'horreurs ont passé sur la France tel un grand vent glacé. L'heure n'est plus à l'insouciance : le mal, désormais, se regarde en face. Plus question dès lors pour le journal de fantaisies graphiques. Sans renier son parti pris de profusion photographique, la maquette se resserre. Le regard, frontal, évite le spectaculaire, bannit la « photo-choc ». Le réel, rien que le réel... N'était-ce pas, après tout, la mission d'origine de *Détective* – ce magazine pensé « au service de la vérité » ? Le titre lui-même quitte son large bandeau pour un simple cartouche, au coin supérieur gauche – position qu'il ne quittera plus. Comme pour laisser la place à ces visages patibulaires, ces gros plans de criminels, pleine page, dans tout le mystère de leur banalité. Et quoi de plus vertigineux, c'est vrai, qu'une photo d'identité judiciaire ?

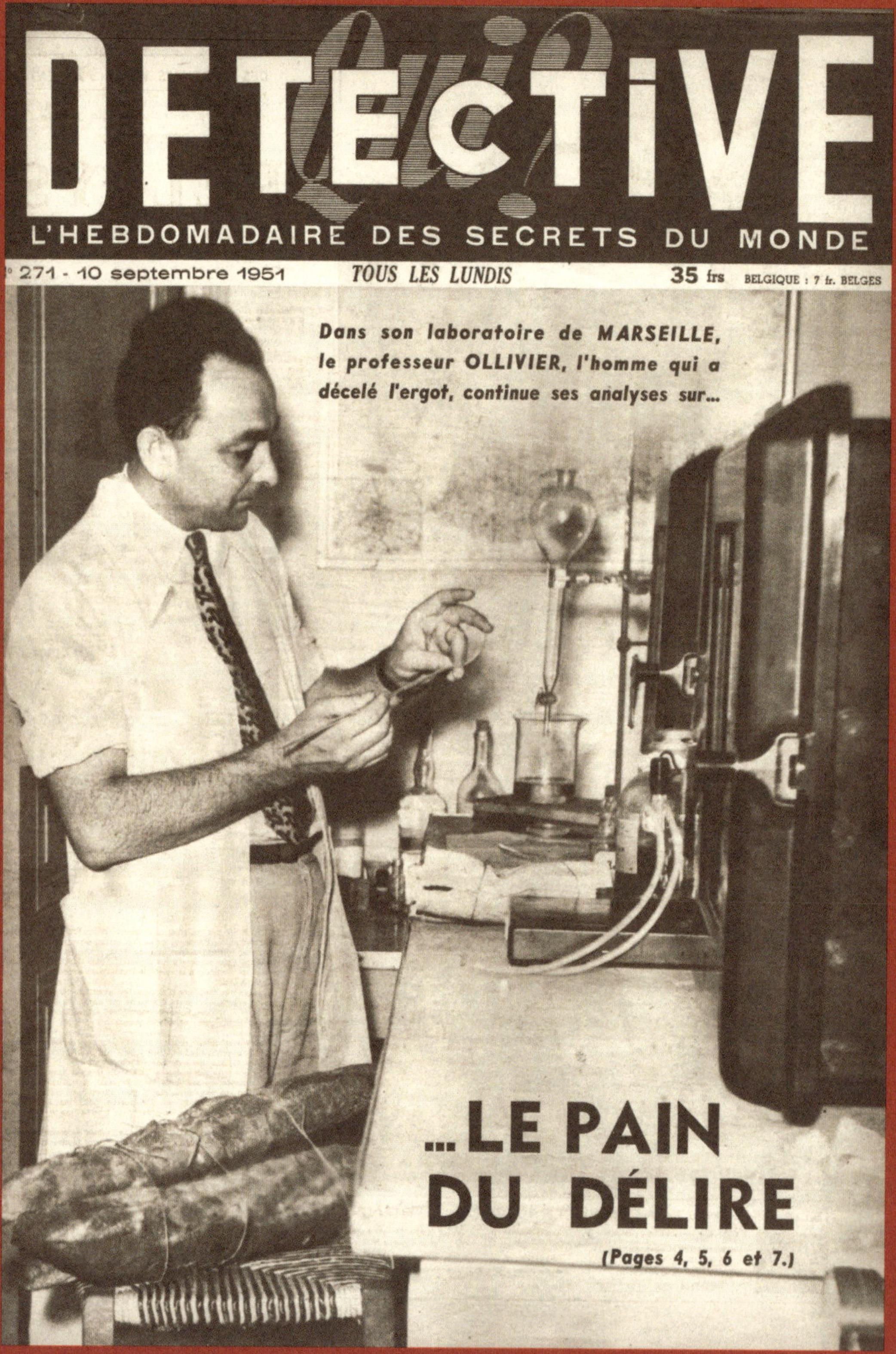
DETECTIVE
Qui?
L'HEBDOMADAIRE DES SECRETS DU MONDE
N° 271 - 10 septembre 1951 TOUS LES LUNDIS 35 frs BELGIQUE : 7 fr. BELGES

Dans son laboratoire de MARSEILLE, le professeur OLLIVIER, l'homme qui a décelé l'ergot, continue ses analyses sur...

...LE PAIN DU DÉLIRE

(Pages 4, 5, 6 et 7.)

DETECTIVE

L'HEBDOMADAIRE DES SECRETS DU MONDE

N° 360 - 25 Mai 1953 — *TOUS LES LUNDIS* — PRIX : 35 frs

MOREZ (Jura) **Colette VUILLET, 5 ans,**

SAUVÉE PAR SON PÈRE

dans l'incendie de leur maison

(Pages 4 et 5.)

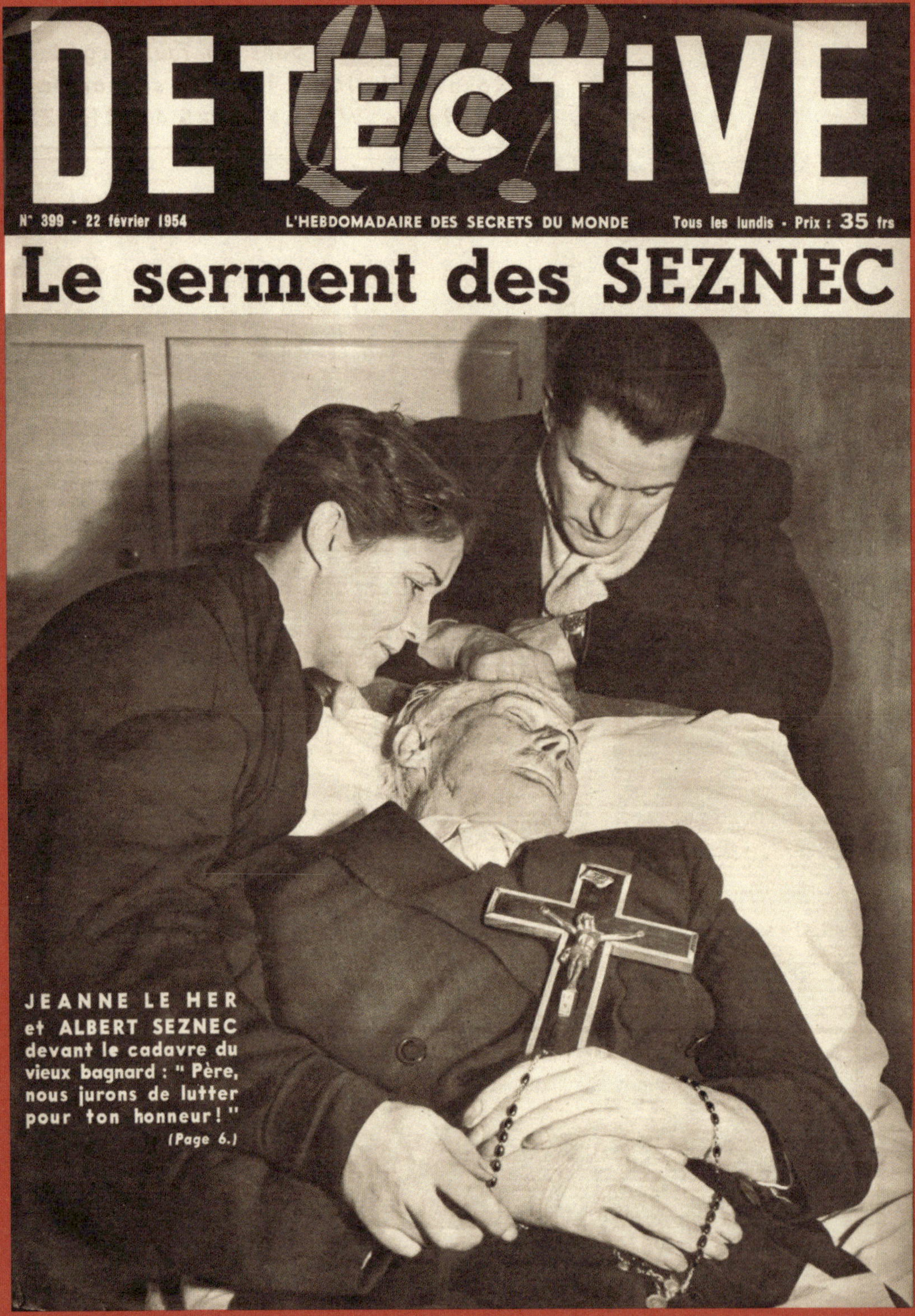
DETECTIVE

N° 399 - 22 février 1954 L'HEBDOMADAIRE DES SECRETS DU MONDE Tous les lundis - Prix : 35 frs

Le serment des SEZNEC

JEANNE LE HER et ALBERT SEZNEC devant le cadavre du vieux bagnard : " Père, nous jurons de lutter pour ton honneur ! " (Page 6.)

DETECTIVE

N° 437 - 15 novembre 1954 - Tous les lundis   L'HEBDOMADAIRE DES SECRETS DU MONDE   Prix : 35 frs - Belgique : 7 frs belges

DOMINICI : le châtiment

Pendant son procès, prévu pour le 17 novembre, toutes précautions seront prises pour le transport quotidien de Gaston DOMINICI de la prison au palais de justice.
(Pages 22 et 23.)

DETECTIVE

N° 474. — 1er août 1955
TOUS LES LUNDIS

L'HEBDOMADAIRE DES SECRETS DU MONDE

Prix : 35 frs

BELGIQUE : 7 francs belges
SUISSE : 0 fr. 65 suisses

Mères, attention à vos enfants !

DETECTIVE

N° 500 — 30 janvier 1956
TOUS LES LUNDIS

L'HEBDOMADAIRE DES SECRETS DU MONDE

Prix : 35 frs

BELGIQUE : 7 francs belges
SUISSE : 0 fr. 65 suisses

MONTMARTRE | L'AFFAIRE DE LA RUE TARDIEU

TÉMOIN N° 1 : LE CLOWN

1 heure du matin. Deux hommes et une femme sont abattus dans un studio, 7, rue Tardieu. Le tueur s'enfuit. Un passant le suit des yeux. Le lendemain, il raconte ce qu'il a vu à la police et, grâce à lui, l'enquête prend un départ foudroyant. Ce témoin providentiel, c'est un clown-cascadeur de la troupe des Molinoff, actuellement au cirque Médrano.

(Pages 5 et 6)

DETECTIVE
Qui?
N° 595 - 25 NOVEMBRE 1957
TOUS LES LUNDIS
L'HEBDOMADAIRE DES SECRETS DU MONDE
Prix : 50 fr.
BELGIQUE : 10 francs belges
SUISSE : 0,85 cent. suisses
BOHAIN (Aisne)
POLICIER DE 12 ANS
GRACE à son courage et à une extraordinaire présence d'esprit Jacky DEUDON (ci-contre), seul avec son petit frère (ses parents étaient au cinéma) a permis la capture d'un repris de justice venu, de nuit, cambrioler la maison de la famille DEUDON. (Voir pages 14 et15 le reportage de notre envoyée spéciale Lucienne Mornay et la reconstitution photographique de l'exploit de Jacky par notre reporter Alexis Krip.)

détective
JACCOUD
TOUS LES SECRETS
D'UN GRAND PROCÈS
VOUS LIREZ AUSSI : (P. 14-15)
Les envoûtés de Sancerre :
un enfant a vaincu le diable
N 711 - 12 fevrier 1960

détective
AVEC SES BIJOUX
ON LUI A VOLÉ
SA VICTOIRE
SUR LA MISÈRE QU'ELLE CONNUT
AVANT D'ÊTRE SOPHIA LOREN
N° 728 - Tous les Vendredis - 60c - Belgique 12 f. b. - Suisse 1 f. s. - 10 JUIN 1960
LES FILLES DE L'OCÉAN (p. 20-21)

détective
APRÈS LE RAPPORT
DES SUPER-EXPERTS
Marie BESNARD
EST-ELLE VICTIME
OU COUPABLE ?..
Vous lirez aussi :
La tragédie
des amants
de Belfort
N° 747 - Tous les Vendredis - 60 c - Belgique 12 f. b.
Suisse 1 f. s. - 21 OCTOBRE 1960

détective
Lyon : Charmet le pirate du Rhône
Amiens : La jalousie tue l'amour
AVEC LE JUGE, DANS LE BOIS TRAGIQUE DE MAY
Patrice MICHELIN :
“ je suis tombé ici et le coup est parti... ”
TOUTE LA VÉRITÉ SUR LE DRAME (p. 3-4-5-6-7
Nº 748 - Tous les Vendredis - 60 c - Belgique 12 f. b. - Suisse 1 f. s. - 28 OCTOBRE 1960

détective

P. 23. Un reportage de Marcel MONTARRON

LA MAFIA DE LA DROGUE

Le commissaire Lavalette, chef du S. R. P. J., et le commissaire Hugues, responsable de la section des stupéfiants de Marseille, ont le sourire. La police vient de réussir un " coup " sans précédent.

l'hebdomadaire vrai complet détaillé

N° 957 — 30 OCTOBRE 1964 TOUS LES VENDREDIS - 70 c. Belgique, 12 f.b.-Suisse, 1 f.s. - Canada, 25 c.

détective
L'ÉNIGME DOMINICI
Après la disparition du patriarche
"détective" RÉVÈLE LE SEUL VISAGE DE LA VÉRITÉ
N° 981 — 15 AVRIL 1965 TOUS LES JEUDIS - 70 c. Belgique, 12 f.b. - Suisse, 1 f.s. - Canada, 25 c.
LIRE PAGES 15-16-17

détective

RENNES - Lisez en pages 16-17 l'enquête de nos envoyés spéciaux

GÉRARD LERAY TEND UN PIÈGE MORTEL A SON MEILLEUR AMI

ALINE GAINE la première Victime

L'ÉTRANGLEUR DES "BELLES DE NUIT" A FRAPPÉ TROIS FOIS !

Lire en pages 2-3

N 1008 – 21 OCTOBRE 1965 TOUS LES JEUDIS - 70 c. Belgique, 12 f. b. - Suisse, 1 f. s. - Canada, 25 c.

détective
LE FÛT DE CIMENT
ÉTAIT UN CERCUEIL
Nos révélations
sur ce crime étrange
aux raisons secrètes
PAGES 2 ET 3
N° 1031 - 31 MARS 1966 - TOUS LES JEUDIS. 70 c. - Belgique. 12 f. b. - Suisse. 1 f. s. - Canada. 25 c.

N° 1159 · 10 OCTOBRE 1966 · TOUS LES JEUDIS 1,20 F · Belgique 15 f. b. · Suisse 1,20 f. s. · Canada 25 c. · Algérie

détective

L'EXÉCUTION DE L'ÉTOILE

13 heures environ à l'Etoile: la police relève Andréani devant la foule stupéfiée

N° 1218 - 27 NOVEMBRE 1969 - TOUS LES JEUDIS 1,20 F. - Belgique 15 f. b. - Suisse 1,20 f. s. - Canada 25 c.
détective
Le tueur de femmes
Le voici, tel que nous l'a décrit sa victime
MICHELINE NOUS RACONTE SA NUIT D'HORREUR
DANS LES GRIFFES DU
SADIQUE TIMIDE
LIRE NOTRE ENQUÊTE COMPLÈTE ET DÉTAILLÉE PAGES 3.4 et 5

N° 1220 - 11 DECEMBRE 1969 - TOUS LES JEUDIS 1,20 F. - Belgique 15 f. b. - Suisse 1,20 f. s. - Canada 25 c.

détective

Le rapt de Sophie COUP DE THEATRE

LIRE PAGE 15

LE PROPHETE DE SATAN

ENVOUTAIT PAR LA DROGUE ET L'ORGIE

Ses disciples ont tué Sharon Tate enceinte DE HUIT MOIS MALGRE SES SUPPLIQUES

PITIE POUR MON ENFANT

LIRE NOTRE ENQUETE PAGES 2-3-4-5

70-80

- *Années fesse, années fric* -

Un couteau suspendu, un hurlement figé dans la glotte, une femme aux yeux écarquillés par la terreur – c'est l'instant fatal... Pour les amateurs de *Détective,* les années 70 sont indissociables du nom d'Angelo Di Marco – génial dessinateur, dont les lavis hyperréalistes plongent sans fausse pudeur le lecteur dans le feu de l'action. C'est aussi parfois ces pin-up très légèrement vêtues accompagnant la libération des mœurs que *Détective* placarde de plus en plus souvent aux vitrines des kiosquiers. Cette concession à l'air du temps lui vaudra, passagèrement, une interdiction d'affichage et de vente aux mineurs... « Années érotiques », vous avez dit ?

détective
SPECIAL —
CHEVALIER

N° 1335 - 9 MARS 1972 - TOUS LES JEUDIS, 1,20 F
Suisse 1.20 F. s. - Canada 25 c.

détective

ORLEANS

VIOLENTEE PAR SON PERE NOURRICIER ELLE DEVIENT UNE DEVOREUSE D'HOMMES

4-5

BEAUVAIS

LAURENT A L'AUDACE D'OFFRIR SA FEMME A MICHEL SON RIVAL

2-3

Les clandestines de l'amour

LA FEMME-MEDECIN AUX NUITS SECRETES

Suisse 1.20 F. s. - Canada 25 c.

détective

MALINES

SON TENDRE FIANCÉ ÉTAIT UN VAMPIRE

2-3

DOUAI

IL NE RESTE L'AMANT DE LA MÈRE QUE POUR DEVENIR CELUI DE LA FILLE

6-7

Les clandestines de l'amour

LA FEMME DU LORD DÉCOUVRE QU'ELLE A ÉPOUSÉ UN TRAVESTI

8-9

détective
NIORT
LA FEMME A LA CARABINE
"MON MARI M'ACCUSE D'AVOIR DIX-HUIT AMANTS
je vais l'attaquer en diffamation"
declare-t-elle a "detective"
M. BERNARD PONS
SECRÉTAIRE D'ÉTAT A L'AGRICULTURE
LA DEFENSE DES CONSOMMATEURS
LEUR METIER EN FAIT DES PROIES VULNERABLES

détective
EXCLUSIF ET SENSATIONNEL
COMMENT J'AI MANGE MES CAMARADES DE VOYAGE POUR SURVIVRE
M. EUGENE CLAUDIUS-PETIT
DEPUTE DE LA LOIRE
LA PEINE DE MORT
L'ADEPTE DE L'AMOUR LIBRE...

détective
BRUAY
NOTAIRE INNOCENTE
M. OLIVIER STIRN
L'ENSEIGNEMENT DU FRANÇAIS
LE HAREM DE "PAPA MARIUS"
CRE ARNAL
35 ANS DE LUTTE CONTRE LE VICE

détective
AFFAIRE PORTAL
2-3-4-5
interview de détective
PIERRE BAUDIS
DÉPUTÉ MAIRE DE TOULOUSE
L'ÉCOLE DU 3ème AGE
... VENDUE AU RESEAU

détective
Frank partage sa femme avec son père
30-31
STRASBOURG
La dame de charité se fait payer en nature
10-11
CHATEAUROUX
MARCEL TIGNY A TUÉ L'AMANT IMAGINAIRE
16-17
LES CLANDESTINES DE L'AMOUR
La tendre épouse du grand financier se vend par plaisir

détective
BRUAY
MAINTENANT IL FAUT TOUT SAVOIR
Détective a entendu tous les témoins des 5 affaires de jeunes femmes découvertes nues étranglées la poitrine marquée
RÉVÉLATIONS

détective
BRUAY
JUGEZ VOUS MEME
TOUTES LES PIECES
PAGES 2, 3, 4, 5, 6 ET 7
Les clandestines de l'amour P.10.11

détective
L'ATROCE TUERIE DE MUNICH MINUTE PAR MINUTE
2-3-4 ET 5
DOMINIQUE LA PETITE MARTYRE
de St-Chély-d'Apcher

N° 1538 - 29 JANVIER 1976 - TOUS LES JEUDIS, 2 F. - Suisse 1,80 FS

détective SPÉCIAL

MOON MOON

LA SECTE MAUDITE S'ATTAQUE A LA FRANCE POUR VOLER NOS ENFANTS

PAGES 2, 3, 4 et 5

Nº 1541 - 19 FEVRIER 1976 - TOUS LES JEUDIS, 2 F. - Suisse 1,80 FS

détective

GUATEMALA

DES PHOTOS QUE VOUS N'OUBLIEREZ PLUS JAMAIS

PAGES 16, 17, 18, 19, 20 et 21

TRAGÉDIE DANS LE MONDE DU SEXE ET DE LA DROGUE

LA "JUSTICIÈRE" DE MONTROUGE

Le procès AGNES BEOTHY

PAGES 2 et 3

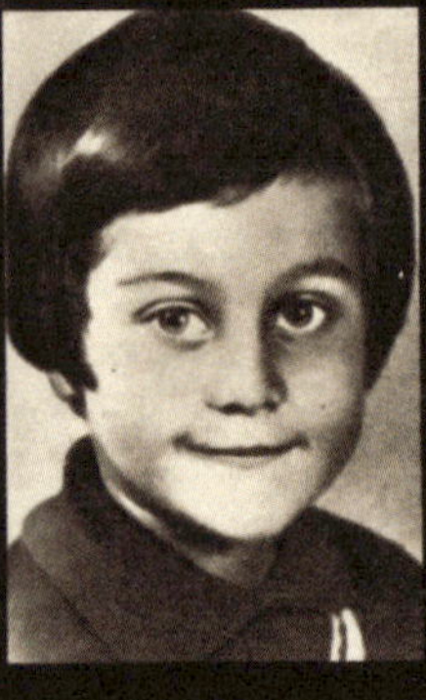

RAPT DE PHILIPPE

PEINE DE MORT POUR LES RAVISSEURS

PAGES 4 et 5

L'AFFAIRE AGRET

Quatre tentatives de suicide pour prouver son innocence !

PAGES 8 et 9

N° 1542 - 26 FEVRIER 1976 - TOUS LES JEUDIS, 2 F. - Suisse 1,80 FS

détective

LES 5 JEUNES FRANÇAIS DISPARUS AU SAHARA

Aprēs 15 jours d'enquête nos reporters les croient morts

PAGES 16, 17, 18 et 19

LE CYNIQUE ASSASSIN DE PHILIPPE

"IL MĒRITE LA MORT !"

Tout ce que nous n'avions pas voulu dire pour ne pas gêner l'enquête

PAGES 2, 3, 4 et 5

SCANDALEUX PROCĒS A LIĒGE

Lesbienne dēmoniaque elle avait envoûtē sœur Marie-Thērēse

ÉTRANGE PROCÈS

LE CINÉASTE DORMAIT

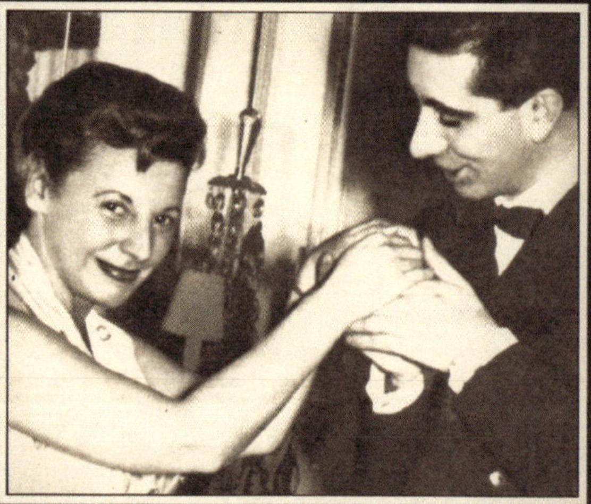

QUAND IL A TUÉ SA FEMME

PAGES 2 ET 3

N° 1549 - 15 AVRIL 1976 - TOUS LES JEUDIS, 2 F. - Suisse 1,80 FS

détective

MARSEILLE

Fils modèle il abat la maîtresse de son père

PAGES 28 ET 29

STAINS

POUR GARDER SON AMANT ELLE NOIE SON ENFANT

PAGES 4 ET 5

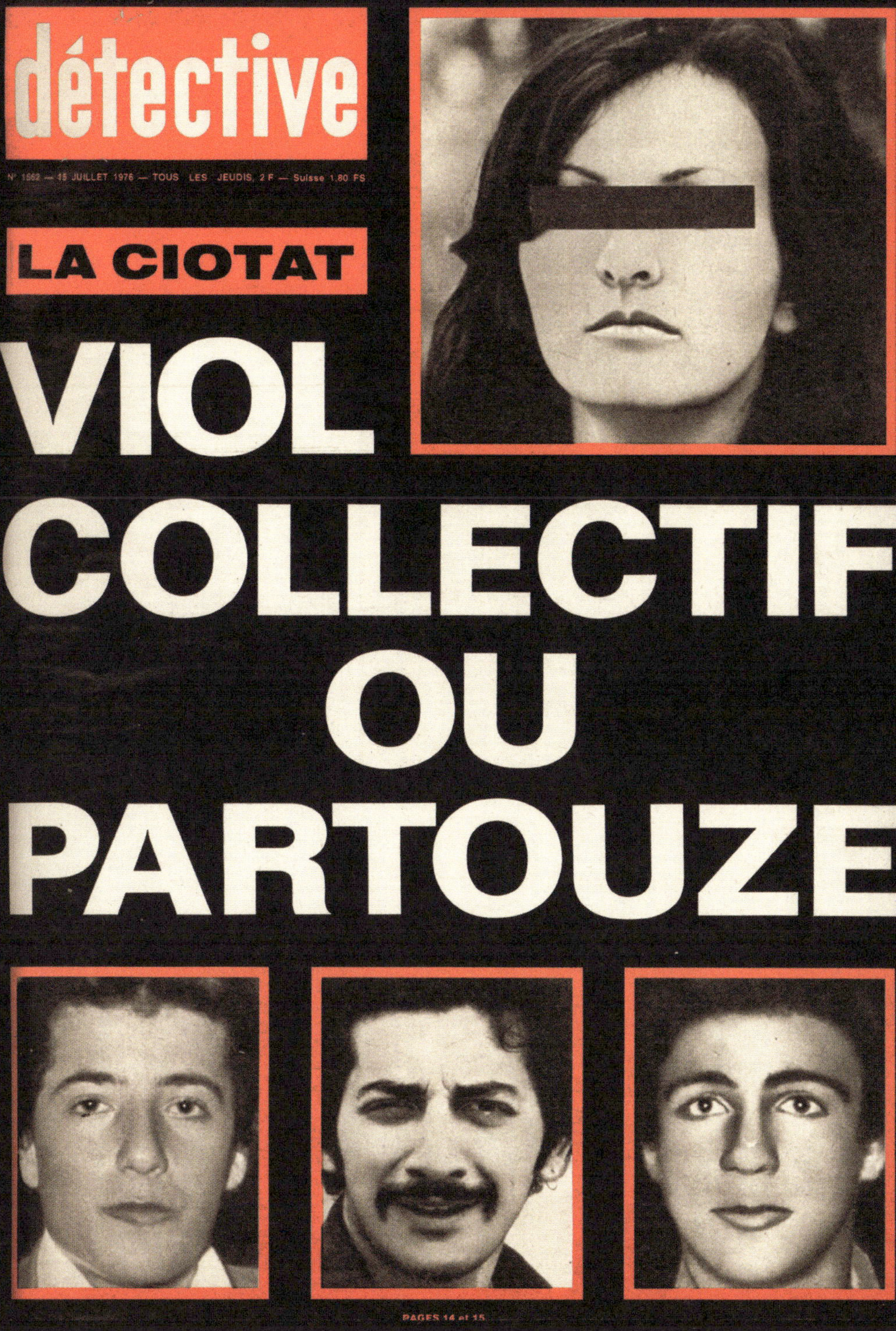
détective
N° 1562 — 15 JUILLET 1976 — TOUS LES JEUDIS, 2 F — Suisse 1,80 FS
LA CIOTAT
VIOL COLLECTIF OU PARTOUZE
PAGES 14 et 15

détective
CE COUPLE
N° 1564 — 29 JUILLET 1976 — TOUS LES JEUDIS. 2 F. — Suisse 1,70 FS
COUTUMIER
DE L'AMOUR
A TROIS
A TUÉ
L'AMANT
IMPUISSANT
PAGES 2 et 3

N° 1567 — 19 AOUT 1976 — TOUS LES JEUDIS, 2 F — Suisse 1,70 FS

détective

LE "LANDRU" DE PIERRELAYE

PAGES 2 et 3

LA VEDETTE DU PORNO EST RÉELLEMENT

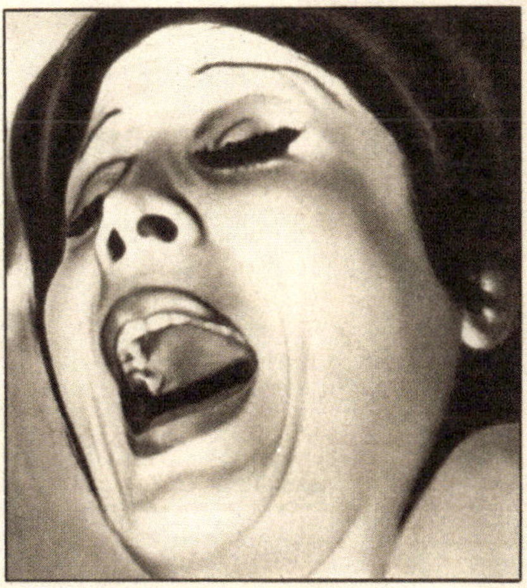

TUÉE EN PLEIN TOURNAGE

PAGES 16 ET 17

N° 1589 — 20 JANVIER 1977 — TOUS LES JEUDIS, 2 F. — Suisse 1,70 FS

détective SPÉCIAL

PATRICK HENRY LA MORT ?

LIRE PAGES 2, 3, 4 ET 5

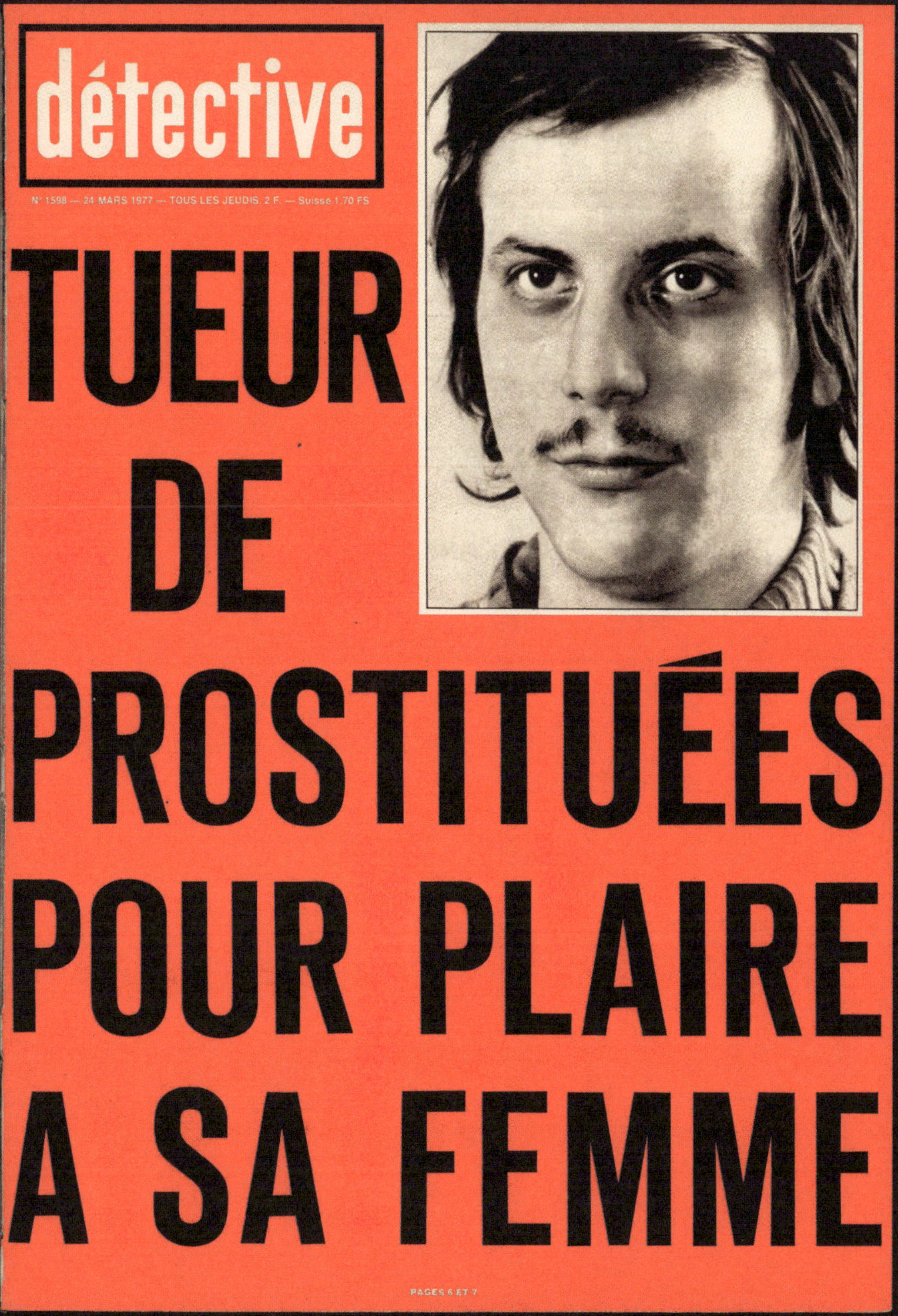
détective

N° 1598 — 24 MARS 1977 — TOUS LES JEUDIS. 2 F. — Suisse 1,70 FS

TUEUR DE PROSTITUÉES POUR PLAIRE A SA FEMME

PAGES 6 ET 7

N° 1653 — 13 AVRIL 1978 — TOUS LES JEUDIS 2 F — SUISSE 1, 70 FS.
détective
ELLE PAYAIT SES AMANTS EN LEUR LIVRANT SA FILLE
2F
PAGES 16 ET 17

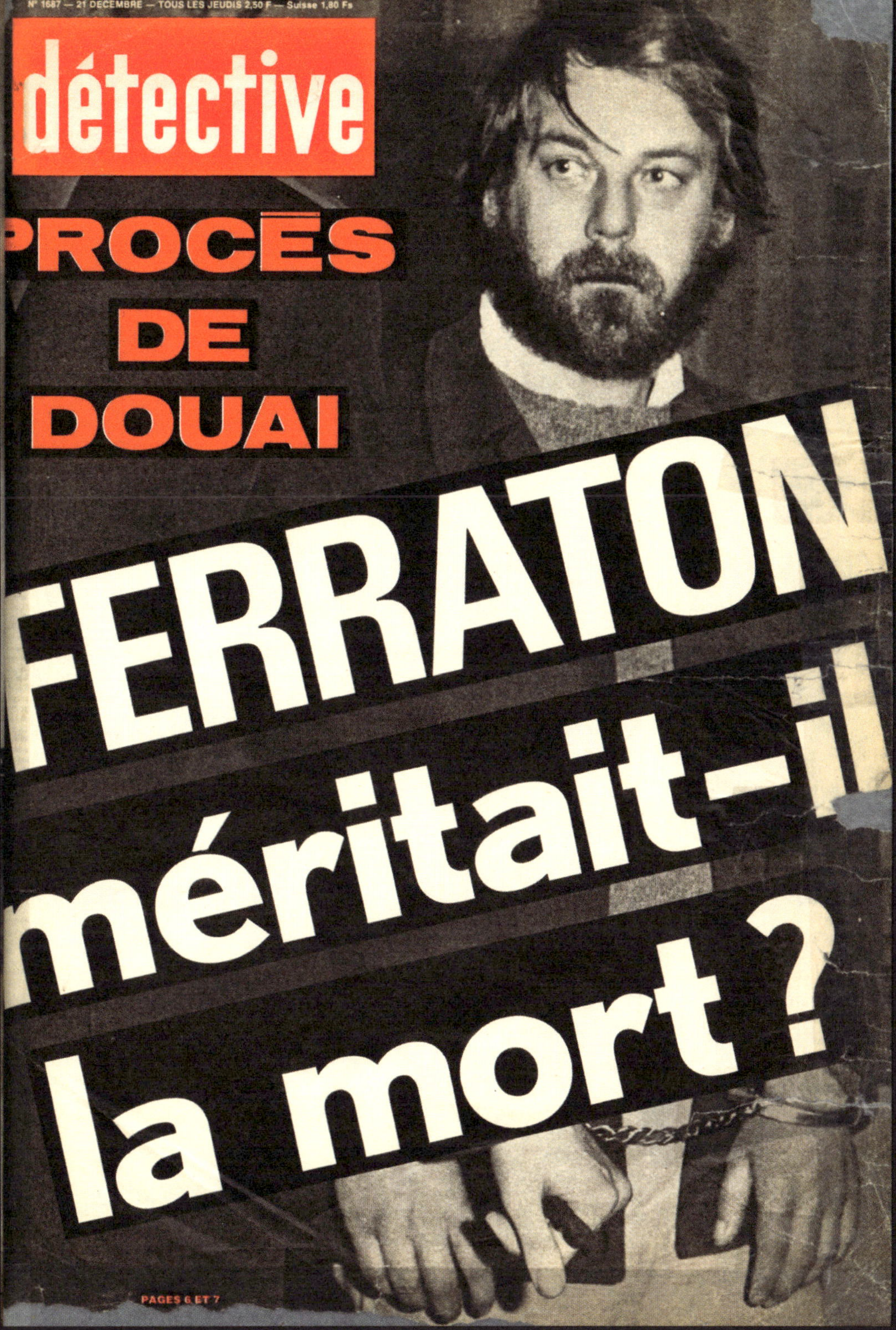
N° 1687 — 21 DECEMBRE — TOUS LES JEUDIS 2,50 F — Suisse 1,80 Fs
détective
PROCÈS DE DOUAI
FERRATON méritait-il la mort ?
PAGES 6 ET 7

détective
LE MYSTÈRE DE
LA DAME
EN ROUGE
RETROUVEZ CET HOMME
et le
sadique
qui
assassina
Arlette
DONIER
NE
TUERA
PLUS
15 MAI 1959
60 f.
BELGIQUE 12 f. b.
SUISSE 1 f. s.

ANGELO DI MARCO

le génial artiste de Détective

À partir des années 70, Angelo Di Marco, le célèbre illustrateur, devient un collaborateur assidu du magazine. Grâce à ses portraits-robots confondants de ressemblance, il aidera la police, plus d'une fois, à arrêter des malfaiteurs.

« Je m'étais rendu à la PJ, au fameux 36, quai des Orfèvres, où la voisine de palier de la victime m'a décrit le type qu'elle avait entrevu. Je dessinais, elle rectifiait, je dessinais, elle rectifiait – bref, ça a duré trois heures. *Détective* a publié ce portrait-robot à la une, et peu après, grâce à ça, le gars a été arrêté. Aujourd'hui, on arrive au même résultat en faisant des simulations sur ordinateur. Mais à l'époque, c'était pas mal, non ? »

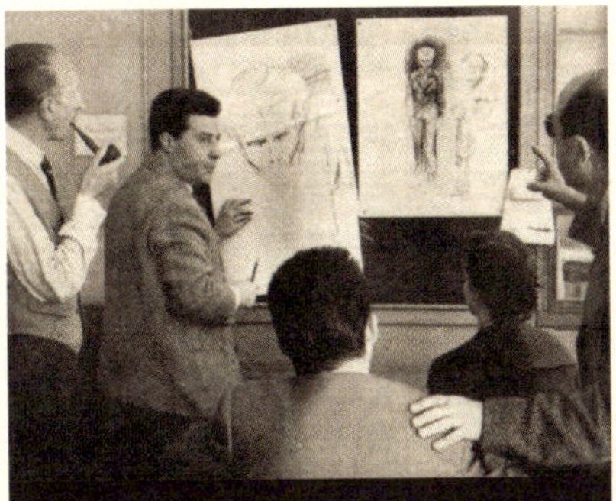

Premières ébauches dans les locaux de la PJ.

L'arrestation de l'assassin.

détective

SPECIAL

DE GAULLE

N° 1267 - 19 NOVEMBRE 1970 - TOUS LES JEUDIS, 1,20 F. - Belgique 15 f. b. - Suisse 1,20 f. s. - Canada 25 c.

N° 1535 - 8 JANVIER 1976 - TOUS LES JEUDIS. 2 F. - Suisse 1,80 FS

détective SPÉCIAL

PRÉDICTIONS 1976

LES PLUS GRANDS ASTROLOGUES ET VOYANTS

PAGES 16, 17, 18 ET 19

BAL TRAGIQUE DU 6-9

PAGES 2, 3, 4, 5, 6 ET 7

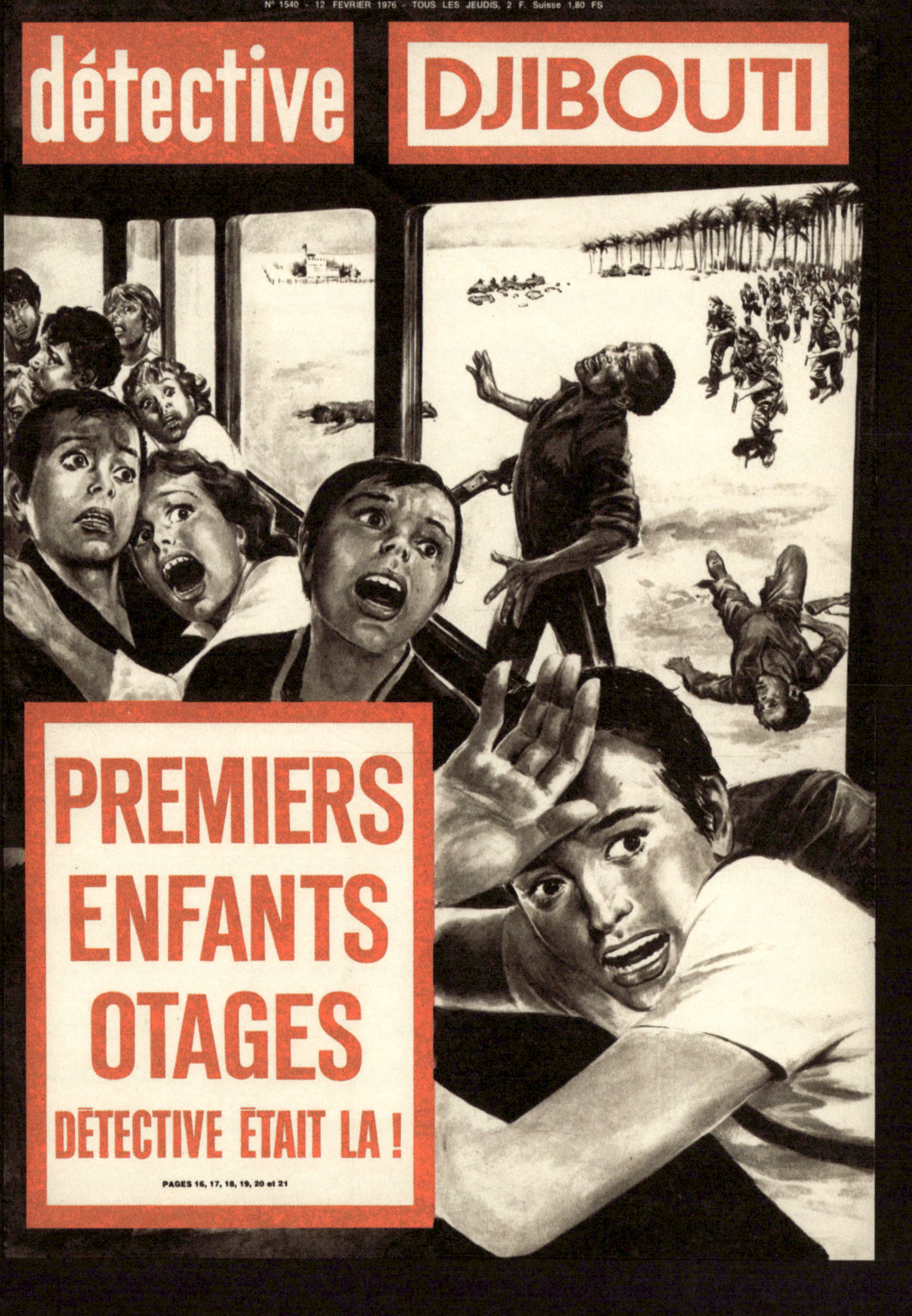
N° 1540 - 12 FEVRIER 1976 - TOUS LES JEUDIS, 2 F. Suisse 1,80 FS
détective
DJIBOUTI
PREMIERS ENFANTS OTAGES
DÉTECTIVE ÉTAIT LA !
PAGES 16, 17, 18, 19, 20 et 21

N° 1544 - 11 MARS 1976 - TOUS LES JEUDIS. 2 F - Suisse 1,80 FS

LA RÉVOLTE DES VIGNERONS

2 MORTS 40 BLESSÉS

PAGES 16, 17, 18, 19.

détective

AUX ASSISES DES BOUCHES-DU-RHONE

ACCUSÉ DU MEURTRE DE LA PETITE MARIA-DOLORÈS

RANUCCI sauvera-t-il sa tête ?

PAGES 4 et 5

14H35. LE COMMANDANT LE GOFF A LA TETE DE SES HOMMES S'ECROULE

L'ASSASSIN DU PARIS VINTIMILLE ARRÊTÉ

PAGES 6 et 7

AVIGNON

2 ENFANTS OTAGES POUR FORCER LEUR MÈRE A SE PROSTITUER

PAGES 8 et 9

QUI? POLICE
LE CHIRURGIEN EXÉCUTE SON RIVAL EN L'OPÉRANT
PAGES 16 ET 17

QUI? POLICE
LE MANIAQUE DE L'OISE
était un pudibond

QUI? POLICE
LE TUEUR DÉMASQUÉ PAR LE RÊVE TERRIFIANT D'UNE JEUNE FILLE

QUI? POLICE
ABATTU
PAR
SA MAITRESSE LE JOUR DE SON MARIAGE

QUI? POLICE
Pour avoir eu trop d'amants elle meurt attachée à un arbre

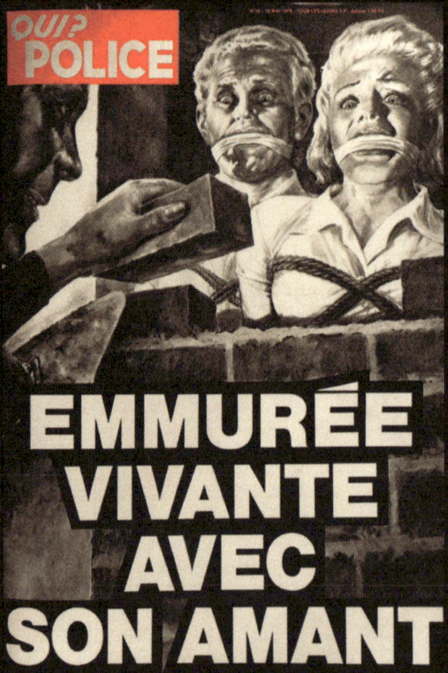
QUI?
POLICE
EMMURÉE
VIVANTE
AVEC
SON AMANT

QUI?
POLICE
Un
dompteur
jette
sa
maîtresse
aux
fauves

QUI?
POLICE
CARNAVAL
TRAGIQUE

QUI?
POLICE
IL
BRULE
VIFS
SA FEMME
ET SON RIVAL

QUI?
POLICE
il jette
sa maîtresse
dans les sables
mouvants
PAGES 16 ET 17

N° 23 - 14 JUIN 1979 - TOUS LES JEUDIS 3 F - Suisse 1,80 FS
QUI? POLICE
LA MEURTRIÈRE ACHÈVE SON MARI A L'HOPITAL
PAGES 8 ET 9

N° 24 - 21 JUIN 1979 - TOUS LES JEUDIS 3 F. — Suisse 1,80 FS
OUI ?
POLICE
IL ATTACHE
SA FEMME
ET SON RIVAL
SUR LES RAILS

QUI ? POLICE
N° 26 — 5 JUILLET 1979 — TOUS LES JEUDIS 3 F — Suisse 1,80 FS
Défenestrée par son amant sous les yeux de son mari
PAGES 16 ET 17

N° 29 - 26 JUILLET 1979 - TOUS LES JEUDIS 3 F. - Suisse 1,80 FS - Canada 0,75 $
QUI? POLICE
IL CAMOUFLE LE MEURTRE DE SA FEMME EN SUICIDE

QUI ?
POLICE
LE SADIQUE
POURCHASSAIT
SES VICTIMES
EN VOITURE

QUI ?
POLICE
SON
ASSASSIN
L'ATTENDAIT
DANS
SA CHAMBRE

QUI ?
POLICE
TRAQUÉE
TOUTE
UNE NUIT
PAR 2 TUEURS

QUI ?
POLICE
DÉMASQUÉ
PAR SA
TREIZIÈME
VICTIME

N°31 — 9 AOUT 1979 — TOUS LES JEUDIS 3 F. — Suisse 1,80 FS — Canada 0,75 $
QUI?
POLICE
IL
ÉTRANGLE
SON RIVAL
AU VOLANT
PAGES 16 ET 17

N°33 — 23 AOUT 1979 — TOUS LES JEUDIS 3 F. — Suisse 1,80 FS — Canada 0,75 S.
QUI ? POLICE
VOITURE-LITS
IL POUSSE SA FEMME HORS DU WAGON-LIT
PAGES 16 ET 17

QUI ? POLICE
N° 35 — 6 SEPTEMBRE 1979 — TOUS LES JEUDIS 3 F. — Suisse 1,80 FS — Canada 0,75 $
il lance un serpent dans la chambre de sa fiancée

N° 38 - 11 OCTOBRE 1979 - TOUS LES JEUDIS 3 F. - Suisse 1,80 FS - Canada 0,75$
QUI ?
PÓLICE
LE CHAUFFARD
ÉTAIT UN
DANGEREUX
MANIAQUE
PAGES 16 ET 17

M 2421 - 040 - 3.00 F.
N° 40 - 25 OCTOBRE 1979 - TOUS LES JEUDIS 3 F - Suisse 1,80 FS - Canada 0,75 $
QUI ?
POLICE
KIDNAPPÉ
PAR LES
2 SŒURS

QUI ? POLICE
N° 41 - 1er NOVEMBRE 1979 - TOUS LES JEUDIS 3 F. - Suisse 1,80 FS - Canada 0,75 $
IL NOIE SA FEMME DANS LA RIVIÈRE
PAGES 8 ET 9

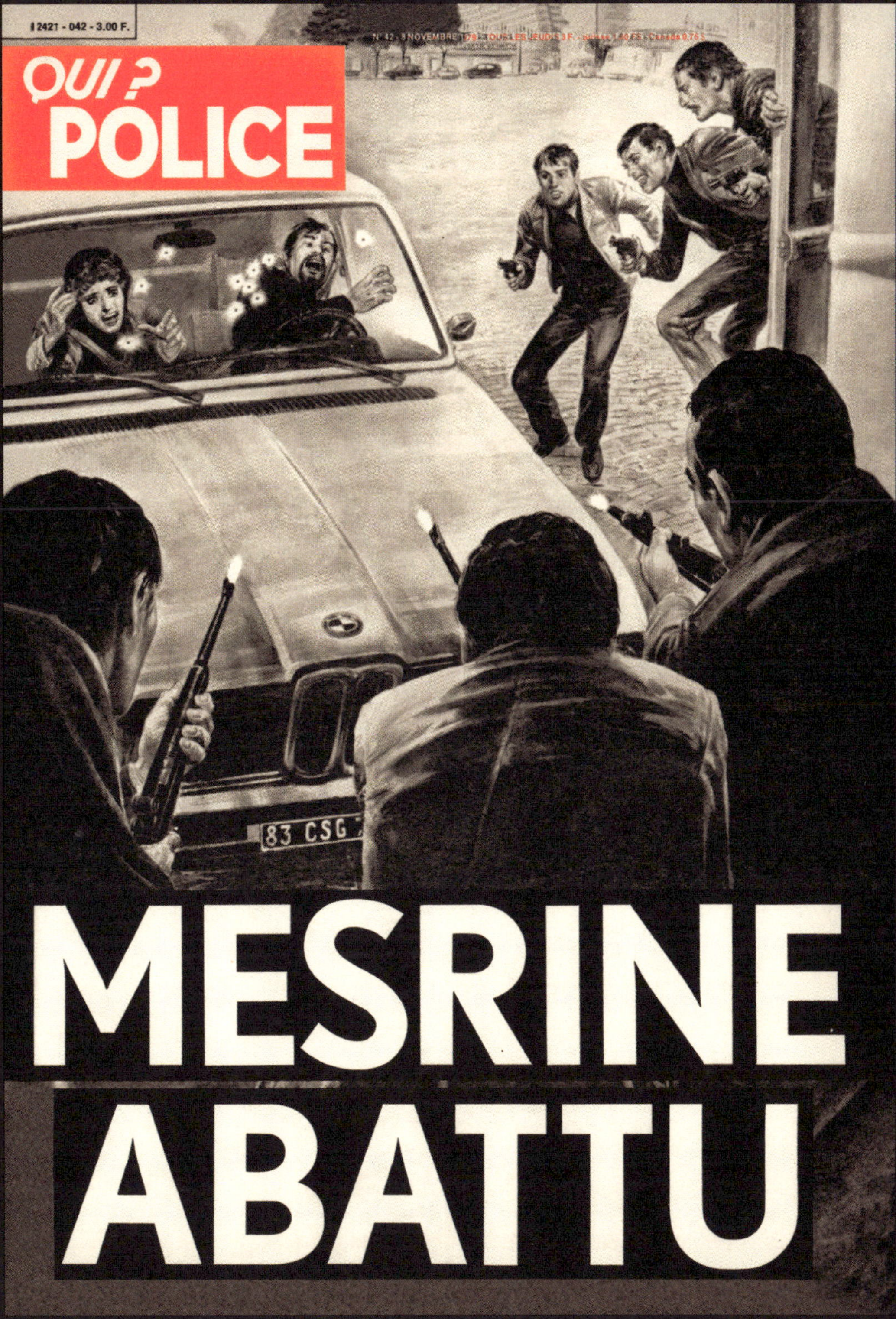
I 2421 - 042 - 3.00 F.
QUI ?
POLICE
83 CSG
MESRINE
ABATTU

QUI ? POLICE
N° 43 - 15 NOVEMBRE 1979 - TOUS LES JEUDIS 3 F.
- Suisse 1,60 FS - Canada 0,75 $
Tuée par son mari durant l'escalade

N° 44 — 22 NOVEMBRE 1979 — TOUS LES JEUDIS 3 F. - Suisse 1,80 FS - Canada 0,75 $
QUI ? POLICE
Le mari infidèle enterre sa femme vivante

N° 45 - 29 NOVEMBRE 1979 - TOUS LES JEUDIS 3 F. - Suisse 1,80 FS - Canada 0,75 $
QUI ? POLICE
ELLE MEURT LAPIDÉE PAR SES 2 AMANTS
M 2421 — 045 — 3.00 F.
PAGES 16 ET 17

QUI ?
POLICE
l'amant pervers jetait ses maîtresses à la mer
PAGES 16 ET 17
M 2421 - 046 - 3.00 F.

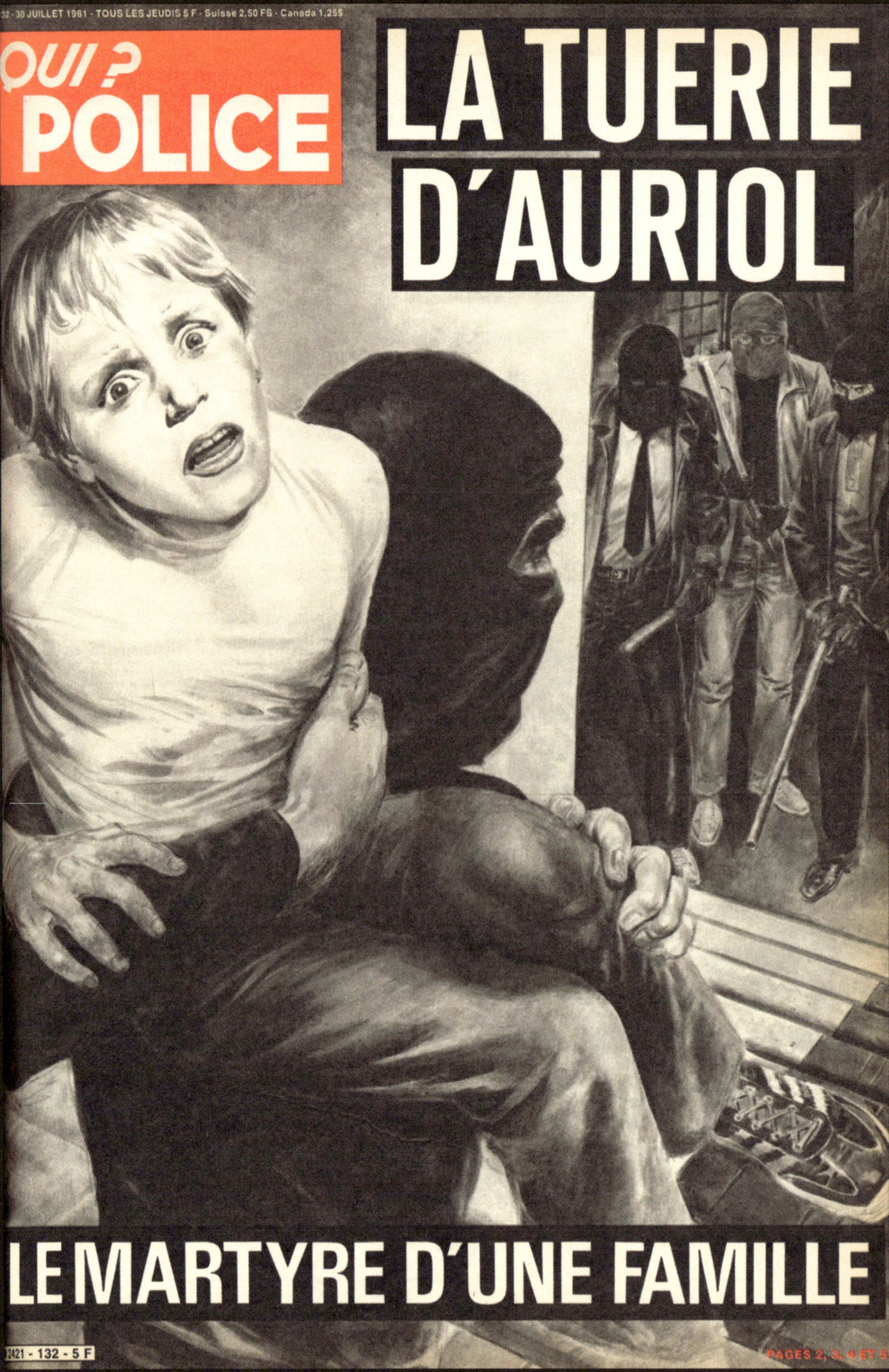
32 - 30 JUILLET 1981 - TOUS LES JEUDIS 5 F - Suisse 2,50 FS - Canada 1,25$
QUI ? POLICE
LA TUERIE D'AURIOL
LE MARTYRE D'UNE FAMILLE
2421 - 132 - 5 F
PAGES 2, 3, 4 ET 5

138 - 10 SEPTEMBRE 1981 - TOUS LES JEUDIS 5 F - Suisse 2.50 FS - Canada 1.25$
QUI ?
POLICE
LE TUEUR FOU
DE LA
SAMARITAINE
M 2421 - 138 - 5 F
PAGES 2 ET 3

N°139 - 17 SEPTEMBRE 1981 - TOUS LES JEUDIS 5 F - Suisse 2,50 FS - Canada 1,25$
QUI ? POLICE
PARIS - SUD 14 HEURES 30
Le roi de l'évasion piégé
PAGES 2 ET 3
LA PEINE CAPITALE : NOS LECTEURS JUGENT
M 2421 - 139 - 5 F

N° 140 - 24 SEPTEMBRE 1981 - TOUS LES JEUDIS 5 F - Suisse 2,50 FS - Canada 1,25$
QUI ? POLICE
ELLE TUE L'HOMME QU'ELLE VIENT D'AIMER
M 2421 - 140 - 5 F
PAGES 16 ET 17

QUI ? POLICE
N°145 - 29 OCTOBRE 1981 - TOUS LES JEUDIS 5 F - Suisse 2,50 FS - Canada 1,25$
Emotion à Marseille
LE JUGE EN SAVAIT TROP
PAGES 2, 3, 4 ET 5
M 2421 - 145 - 5 F

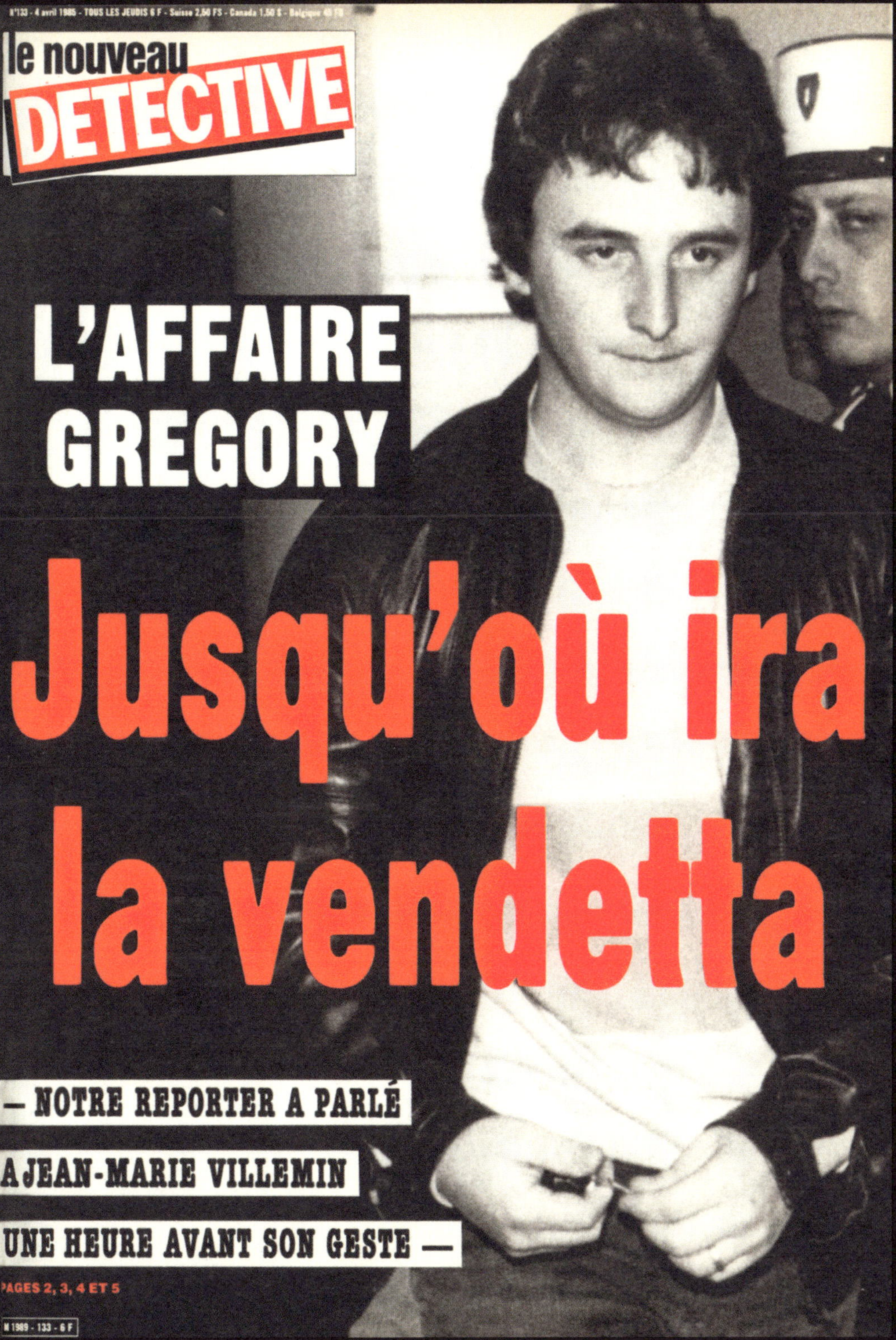
N°133 - 4 avril 1985 - TOUS LES JEUDIS 6 F - Suisse 2,50 FS - Canada 1,50 $
le nouveau
DETECTIVE
L'AFFAIRE
GREGORY
Jusqu'où ira
la vendetta
— NOTRE REPORTER A PARLÉ
A JEAN-MARIE VILLEMIN
UNE HEURE AVANT SON GESTE —
PAGES 2, 3, 4 ET 5
M 1989 - 133 - 6 F

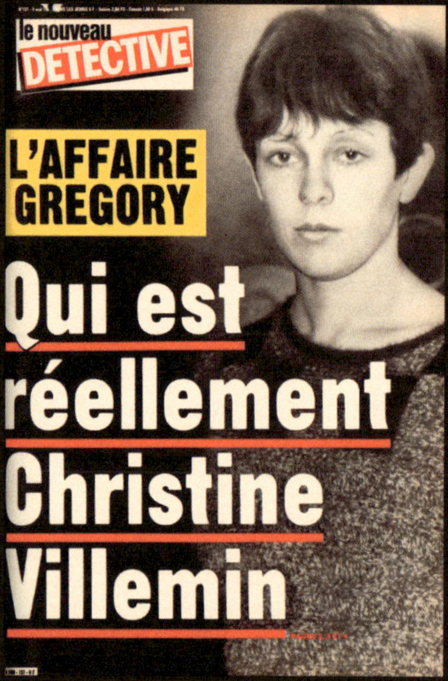
le nouveau
DETECTIVE
L'AFFAIRE GREGORY
Qui est réellement Christine Villemin

le nouveau
DETECTIVE
CHRISTINE EN PRISON
LA TERRIBLE DÉCISION

le nouveau
DETECTIVE
Christine et Jean-Marie seuls contre tous
UN COUPLE MAUDIT
PAGES 16, 17 ET 18

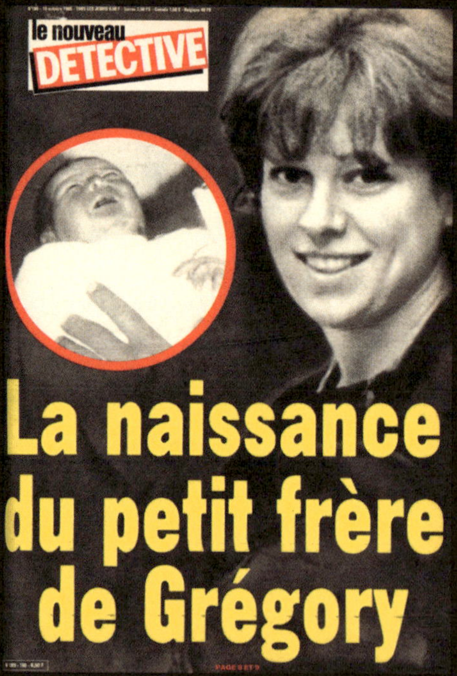
le nouveau
DETECTIVE
La naissance du petit frère de Grégory

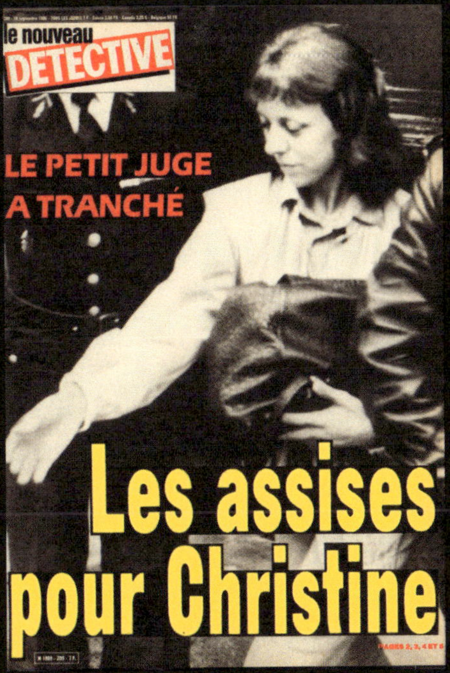
le nouveau
DETECTIVE
LE PETIT JUGE
A TRANCHÉ
Les assises
pour Christine
PAGES 2, 3, 4 ET 5

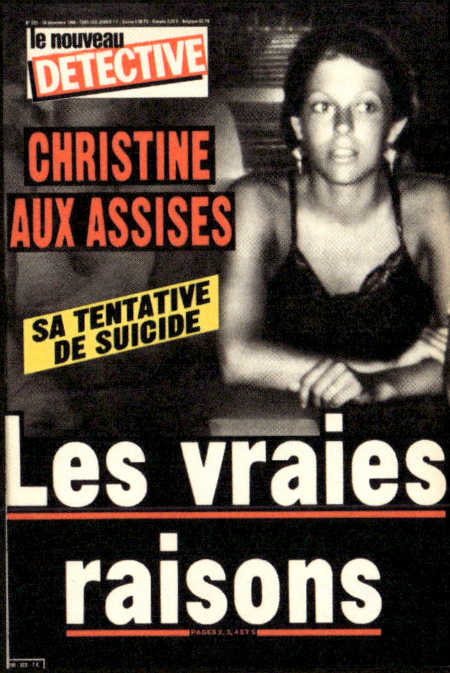
le nouveau
DETECTIVE
CHRISTINE
AUX ASSISES
SA TENTATIVE
DE SUICIDE
Les vraies
raisons
PAGES 2, 3, 4 ET 5

le nouveau
DETECTIVE
Christine
Elle n'a
plus
le droit
d'aller sur la tombe
de Grégory
PAGES 2 ET 3

le nouveau
DETECTIVE
Exclusif
GRÉGORY
La famille
Villemin
se décide à parler...
PAGES 2 ET 3

le nouveau
DETECTIVE
N° 267 - 29 octobre 1987 - TOUS LES JEUDIS 7,50 F - Suisse 2,60 FS - Canada 2,75 $
- Belgique 53 FB - Espagne 240 Ptas - Côte d'Ivoire 585 CFA
LINO
VENTURA
L'ami public n° 1
PAGES 2, 3 ET 4
M 1989 - 267 - 7,50 F
3791989007506 02670

N° 270 - 19 novembre 1987 - TOUS LES JEUDIS 7,50 F - Suisse 2,60 FS - Canada 2,75 $
- Belgique 53 FB - Espagne 240 Ptas - Côte d'Ivoire 585 CFA
le nouveau
DETECTIVE
LE COUP
DE THÉÂTRE
Grégory
était
déjà mort
quand on l'a jeté
dans la Vologne
PAGES 2 ET 3
M 1989 - 270 - 7,50 F

N° 274 - 17 decembre 1987 - TOUS LES JEUDIS 7,50 F - Suisse 2,60 FS - Canada 2,75 $
- Belgique 53 FB - Espagne 240 Ptas - Côte d'Ivoire 585 CFA
le nouveau
DETECTIVE
EN EXCLUSIVITÉ
POUR DÉTECTIVE
Le tueur
des vieilles
dames
parle ...
PAGES 2, 3 ET 4
M 1989 - 274 - 7,50 F
3791989007506 02740

N° 276 - 31 decembre 1987 - TOUS LES JEUDIS 7,50 F - Suisse 2,60 FS - Canada 2,75 $
- Belgique 53 FB - Espagne 240 Ptas - Cote d'Ivoire 585 CFA
le nouveau DETECTIVE
CHRISTINE
ET JEAN-MARIE
Les secrets de leur réveillon
PAGES 2, 3, 4 ET 5
PRÉDICTIONS MONDIALES 88
PAGES 14, 15 ET 16

90-2000

- *Une nouvelle page* -

Rien ne se perd, rien ne se crée, tout se transforme... Pour la énième fois dans l'histoire d'un journal qui n'en a pas manqué, le désormais « Nouveau » *Détective* vit une véritable renaissance. Toujours soucieux de s'adapter aux goûts du jour, le journal laisse entrer la couleur dans ses pages : le jaune, le noir, le rouge s'invitent à la une. La photographie, toujours très présente, y conserve une place de choix – qu'elle soit de victimes ou de criminels... Avec sa maquette accrocheuse et ses titres pugnaces, inspirés des tabloïds anglo-saxons, le magazine poursuit plus que jamais sa vocation de journal populaire, au sens noble du terme. Jusqu'à sa prochaine mue ?

N° 390 - 8 MARS 1990 - TOUS LES JEUDIS 7,50 F - Suisse 2,60 FS - Canada 2,75 $ - Belgique 53 FB - Espagne 240 Ptas - Côte d'Ivoire 605 CFA - Ant/ Réun 11,30 F
le nouveau DETECTIVE
magazine d'enquêtes
ET AUSSI:
BOUDARD
DESCRIERES
Me PELLETIER
LE TAILLANTER
VARENNE
DI MARCO
SINE...
PONT-DE-VAUX: UN TUEUR DANS LA VILLE
AUCH: LE PROCES D'UN PERE INCESTUEUX
Nous avons retrouvé le curé d'Uruffe
33 ans après le meurtre de sa maîtresse et de son bébé, le père Desnoyers confesse : "je ne pense qu'à cela, tout le temps. Je suis le dernier des hommes..."
DOSSIER : LES FEMMES BATTUES

N°453 - 23 MAI 1991 - TOUS LES JEUDIS 7,50 F - Suisse 2,60 FS - Canada 2,75 $ - Belgique 53 FB - Espagne 240 Ptas - Côte d'Ivoire 605 CFA - Ant/Réun 11,30 F
le nouveau
DETECTIVE
magazine d'enquêtes
BRIOUDE · LE PUY
CINQ CADAVRES POUR UNE DISPUTE
TARBES
LE MEURTRE DE L'ABBE CABES
NICE :
DISPARITION DE CHARLES-EDOUARD
Il avoue sadiquement à sa femme : « Je viens d'étrangler notre fils »
M1989 - 453 - 7,50 F
DOSSIER: LE SATANISME

N°478 - 14 NOVEMBRE 1991 - TOUS LES JEUDIS 7,50 F - Suisse 2,60 FS - Canada 2,75 $ - Belgique 53 FB - Espagne 240 Ptas - Côte d'Ivoire 605 CFA - Ant/Réun 11,30 F

CHOC

le nouveau DETECTIVE

magazine d'enquêtes

TOULON
TOUSSAINT SANGLANTE
A « LA DIABLESSE »

Ingrid et Muriel

D'autres enfants
ont disparu
sur la route de l'assassin :

Combien de fillettes
a-t-il massacrées ?

M 1989 - 478 - 7,50 F

DOSSIER : LES FEMMES BATTUES

N° 496 - 19 MARS 1992 - TOUS LES JEUDIS 8,50 F - Suisse 2,80 FS - Canada 2,95 $ - Belgique 55 FB - Espagne 240 Ptas - Côte d'Ivoire 605 CFA - Ant/Réun 12 F

le nouveau DETECTIVE

magazine d'enquêtes

COLOMBIE
CADAVRES SUR COMMANDE

Les escadrons de la mort alimentaient la fac de médecine en clochards

CARCASSONNE
UNE FAMILLE SACRIFIEE

L'ancien para exécute ses 3 petites filles

NANTES
RAMBO CHEZ LES POMPISTES

Accusé à tort de vol, il attend 11 ans pour semer la mort

Aux assises de Moulins : «RENDEZ-NOUS NOTRE MAMAN» Les enfants de l'empoisonneuse supplient les jurés

M 1989 - 496 - 8,50 F

DOSSIER : UN MEDIATEUR, POUR QUOI FAIRE ?

N° 540 - 21 JANVIER 1993 - TOUS LES JEUDIS 8,50 F - Suisse 2,80 FS - Canada 2,95 $ - Belgique 55 FB - Espagne 240 Ptas - Côte d'Ivoire 605 CFA - Ant/Réun 12 F
CHOC
le nouveau
DETECTIVE
magazine d'enquêtes
TOURNAI
Les gendarmes ont filmé un fantôme
PALERME
Toto le sanguinaire, le chef de la Mafia, arrêté
NIORT
Embauché par erreur comme tueur à gages
BOURG-EN-BRESSE
Récit d'une nuit d'horreur
REVELATIONS
CINQ MEURTRES DANS LA MAISON DU FAUX MEDECIN
M 1989 - 540 - 8,50 F
ACCIDENTS DOMESTIQUES : ARRETONS LE MASSACRE

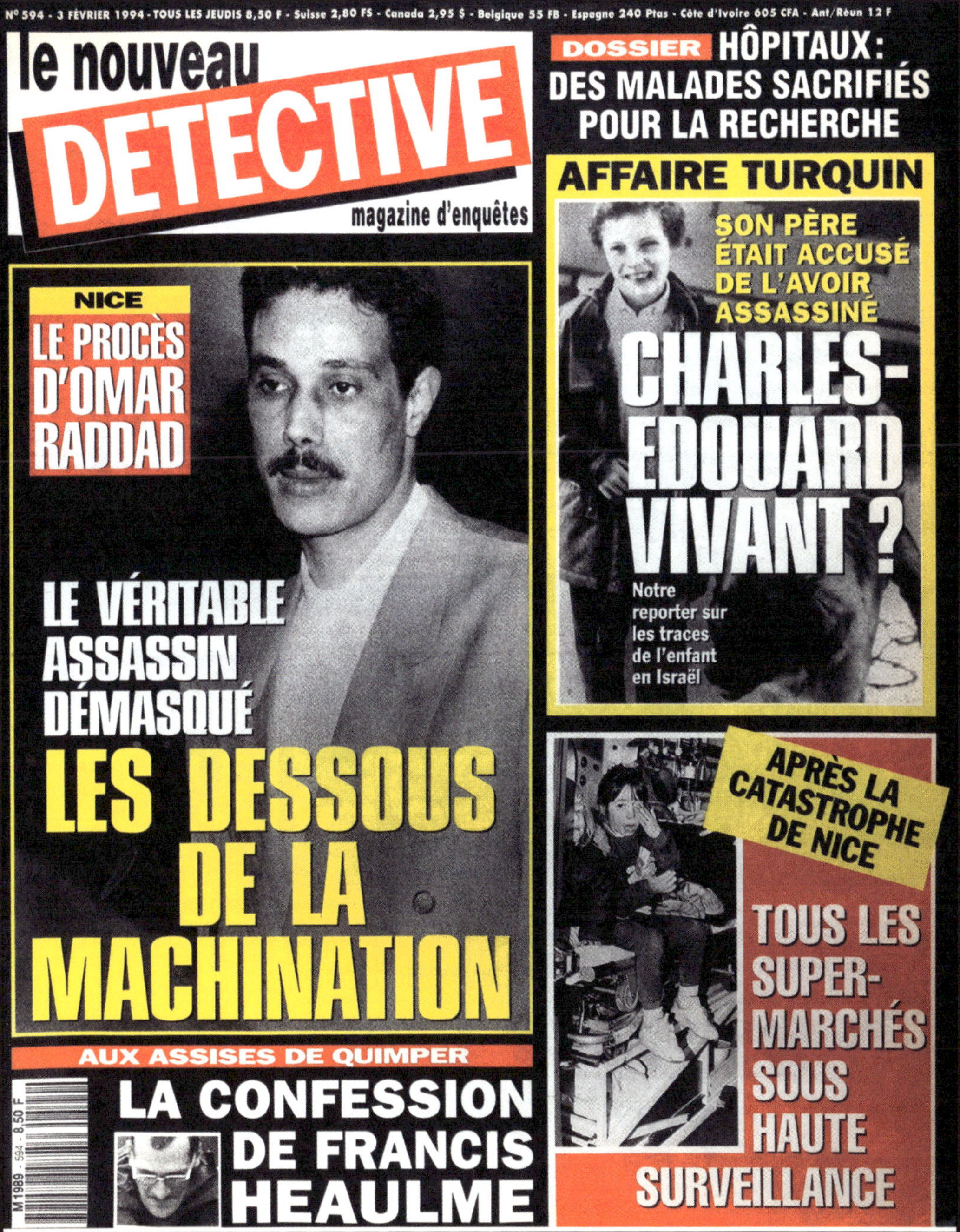
N° 594 - 3 FÉVRIER 1994 - TOUS LES JEUDIS 8,50 F - Suisse 2,80 FS - Canada 2,95 $ - Belgique 55 FB - Espagne 240 Ptas - Côte d'Ivoire 605 CFA - Ant/Réun 12 F
le nouveau
DETECTIVE
magazine d'enquêtes
DOSSIER HÔPITAUX:
DES MALADES SACRIFIÉS POUR LA RECHERCHE
AFFAIRE TURQUIN
SON PÈRE ÉTAIT ACCUSÉ DE L'AVOIR ASSASSINÉ
CHARLES-EDOUARD VIVANT ?
Notre reporter sur les traces de l'enfant en Israël
NICE
LE PROCÈS D'OMAR RADDAD
LE VÉRITABLE ASSASSIN DÉMASQUÉ
LES DESSOUS DE LA MACHINATION
APRÈS LA CATASTROPHE DE NICE
TOUS LES SUPER-MARCHÉS SOUS HAUTE SURVEILLANCE
AUX ASSISES DE QUIMPER
LA CONFESSION DE FRANCIS HEAULME
M 1989 - 594 - 8,50 F

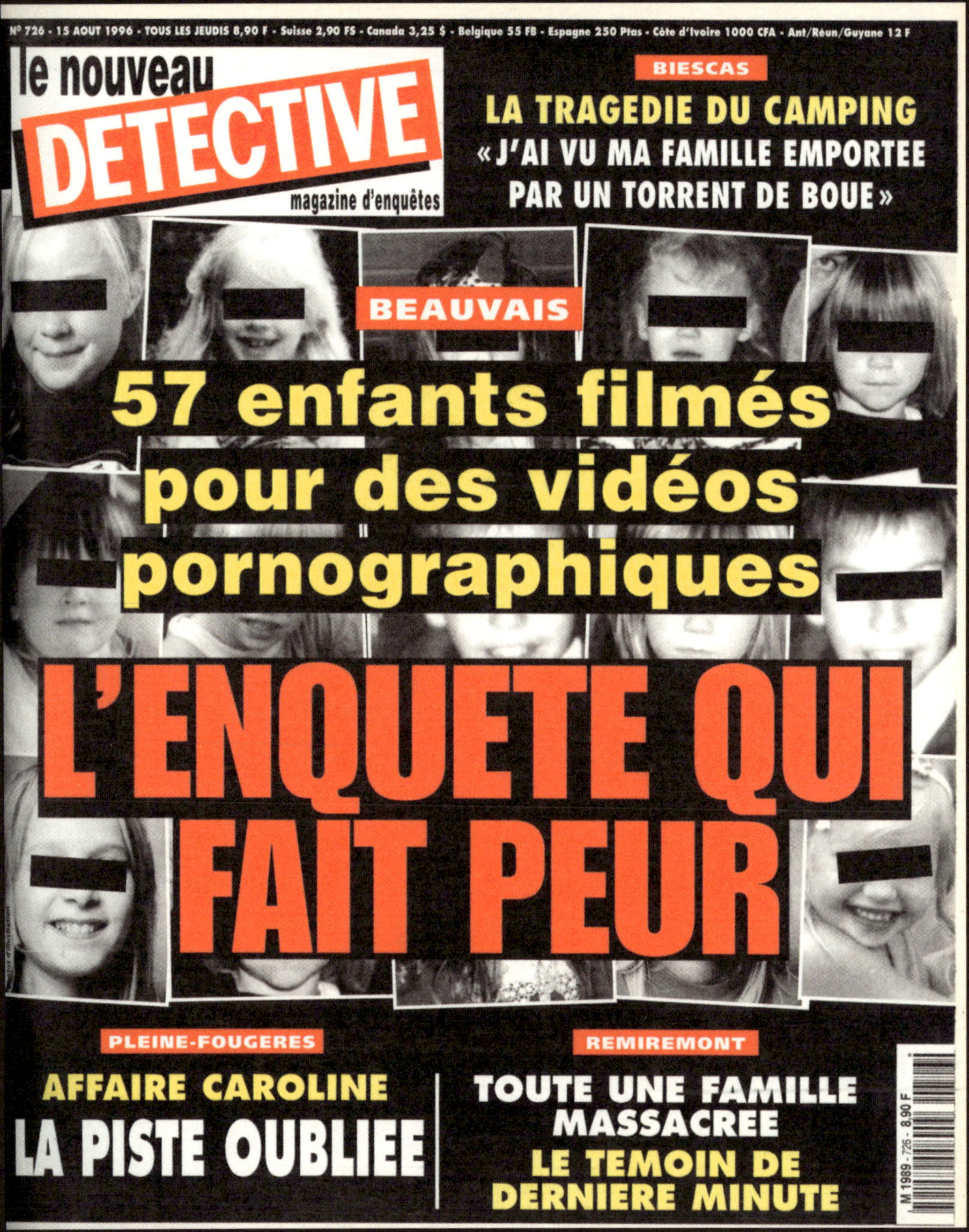

N° 726 - 15 AOUT 1996 - TOUS LES JEUDIS 8,90 F - Suisse 2,90 FS - Canada 3,25 $ - Belgique 55 FB - Espagne 250 Ptas - Côte d'Ivoire 1000 CFA - Ant/Réun/Guyane 12 F

le nouveau DETECTIVE
magazine d'enquêtes

BIESCAS
LA TRAGEDIE DU CAMPING
« J'AI VU MA FAMILLE EMPORTEE PAR UN TORRENT DE BOUE »

BEAUVAIS
57 enfants filmés pour des vidéos pornographiques
L'ENQUETE QUI FAIT PEUR

Photos d'illustration

PLEINE-FOUGERES
AFFAIRE CAROLINE
LA PISTE OUBLIEE

REMIREMONT
TOUTE UNE FAMILLE MASSACREE
LE TEMOIN DE DERNIERE MINUTE

M 1989 - 726 - 8,90 F

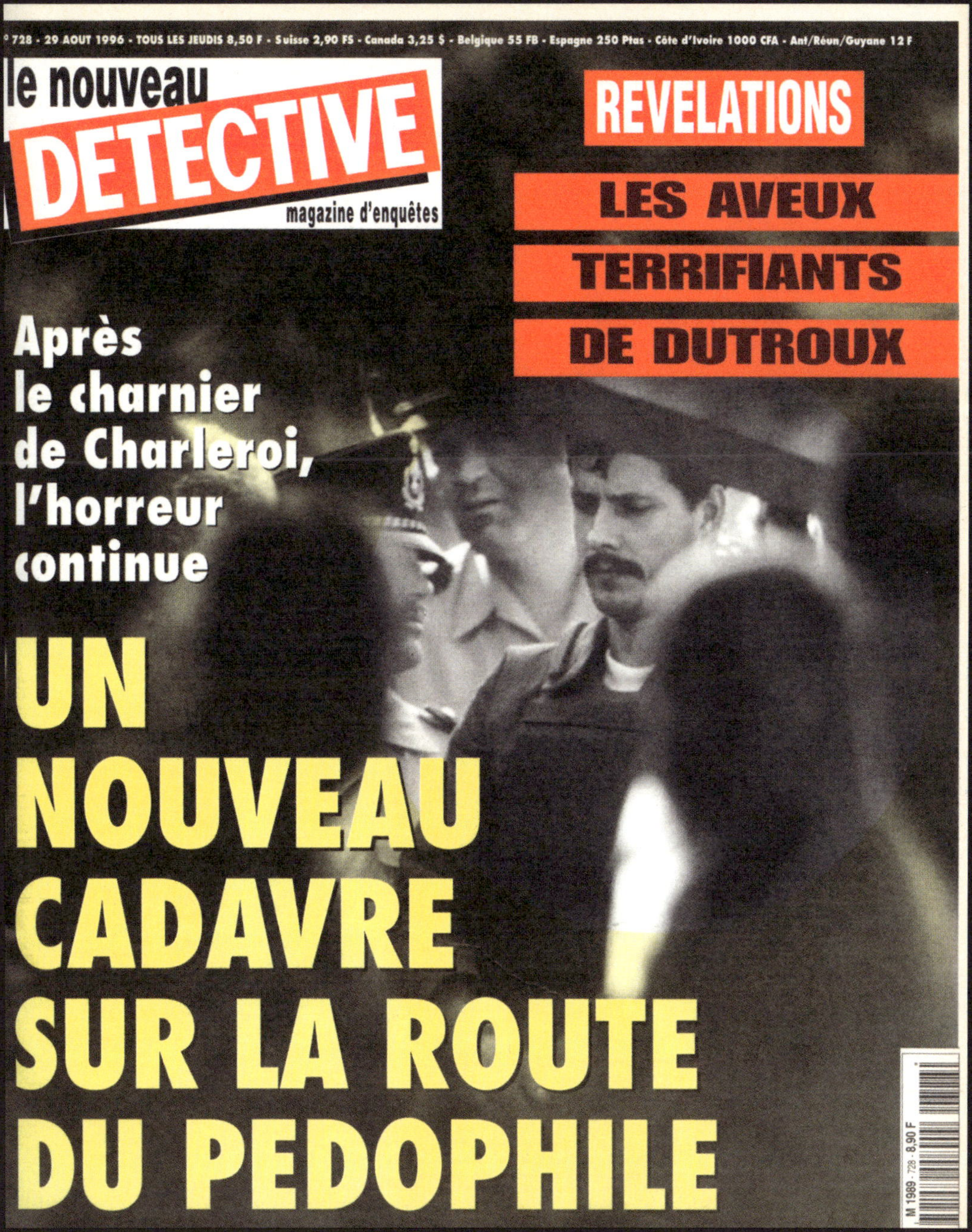

°728 - 29 AOUT 1996 - TOUS LES JEUDIS 8,50 F - Suisse 2,90 FS - Canada 3,25 $ - Belgique 55 FB - Espagne 250 Ptas - Côte d'Ivoire 1000 CFA - Ant/Réun/Guyane 12 F
le nouveau
DETECTIVE
magazine d'enquêtes
REVELATIONS
LES AVEUX TERRIFIANTS DE DUTROUX
Après le charnier de Charleroi, l'horreur continue
UN NOUVEAU CADAVRE SUR LA ROUTE DU PEDOPHILE
M 1989 - 728 - 8,90 F

N° 746 - 1er JANVIER 1997 - TOUS LES JEUDIS 8,90 F - Suisse 2,90 FS - Canada 3,25 $ - Belgique 55 FB - Espagne 250 Ptas - Côte d'Ivoire 1000 CFA - Ant/Réun/Guyane 12 F

le nouveau DETECTIVE
magazine d'enquêtes

PARIS
L'ADIEU A MIREILLE
Notre album souvenir

CHARLEROI
AFFAIRE DUTROUX
Enquête dans une secte satanique

CORK
Sophie Toscan du Plantier, la femme du grand cinéaste, a été retrouvée le crâne fracassé sur une lande déserte

EVREUX
Violée et laissée pour morte dans son coffre de voiture

MASSACRÉE A COUPS DE TISONNIER

SPECIAL FETES
INSOLITES, DROLES, EMOUVANTES, MYSTERIEUSES...
LES HISTOIRES LES PLUS FOLLES DE L'ANNEE 1996

M 1989 - 746 - 8,90 F

N° 781 - 4 SEPTEMBRE 1997 - TOUS LES JEUDIS 8,90 F - Suisse 2,90 FS - Canada 3,50 $ - Belgique 55 FB - Espagne 250 Ptas - Côte d'Ivoire 1000 CFA - Ant/Réun/Guyane 12 F

le nouveau DETECTIVE magazine d'enquêtes

LA MORT DE LADY DI

Deux jours avant sa disparition, la princesse confiait : « Pour la première fois de ma vie, je suis heureuse... »

FOUDROYEE EN PLEIN BONHEUR

M 1989 - 781 - 8,90 F

N° 793 - 27 NOVEMBRE 1997 - TOUS LES JEUDIS 8,90 F - Suisse 2,90 - Canada 3,50 $ - Belgique 55 FB - Espagne 250 Ptas - Côte d'Ivoire 1000 CFA - Ant/Réun/Guyane 12 F
le nouveau
DETECTIVE
magazine d'enquêtes
BRUXELLES
Les aveux de la fille du pasteur Pandy
« J'AI TUE MA MERE, ET MON PERE L'A DECOUPEE EN MORCEAUX »
UN TUEUR RODE A PARIS
Les consignes de la police : évitez les rues désertes, ne rentrez pas seule le soir, vérifiez que vous n'êtes pas suivie ou épiée
UNE QUATRIEME JEUNE FILLE EGORGEE
L'assassin possède un passe qui lui permet d'ouvrir toutes les portes...
M 1989 - 793 - 8,90 F

N° 804 - 11 FEVRIER 1998 - TOUS LES MERCREDIS 8,90 F - Suisse 2,90 FS - Canada 3,50 $ - Belgique 58 FB - Espagne 280 Ptas - Côte d'Ivoire 1100 CFA - CFA avion 1000 CFA - Ant/Réun/Guyane 12 F

le nouveau DETECTIVE magazine d'enquêtes

STRASBOURG

Revolver au poing, ELLE ARRETE L'ASSASSIN DE SON FILS

METZ À 16 ANS, ON L'A ACCUSÉ D'AVOIR MASSACRÉ DEUX ENFANTS À COUPS DE PIERRES

DEPUIS ONZE ANS, CET INNOCENT EST EN PRISON

Aujourd'hui, Détective révèle le nom de l'assassin de Cyril et Alexandre, 8 ans.

M 1989 - 804 - 8,90 F

AJACCIO MEURTRE DU PREFET: LES SERVICES SECRETS SAVAIENT

N° 811 - 1er AVRIL 1998 - TOUS LES MERCREDIS 8,90 F - Suisse 2,90 FS - Belgique 58 FB - Espagne 280 Ptas - Côte d'Ivoire 1100 CFA - CFA avion 1000 CFA - Ant/Réun/Guyane 12 F - Canada 3,50 $
le nouveau
DETECTIVE
magazine d'enquêtes
Le tueur de la Bastille a avoué cinq meurtres
RECIT D'UNE LONGUE TRAQUE
PARIS
La veille, il avait dit : « Je les tuerai tous »
LA TUERIE DE JONESBORO
Andrew, 11 ans, ABAT QUATRE CAMARADES DE CLASSE
M 1989 - 811 - 8,90 F

N° 826 - 15 JUILLET 1998 - TOUS LES MERCREDIS 8,90 F - Suisse 2,90 FS - Belgique 58 FB - Espagne 280 Ptas - Côte d'Ivoire 1100 CFA - CFA avion 1000 CFA - Ant/Réun/Guyane 12 F - Canada 3,50

le nouveau DETECTIVE
magazine d'enquêtes

PERPIGNAN
Deux jeunes filles assassinées.
Une autre disparue...
UN TUEUR RODE DANS LE QUARTIER DE LA GARE

AJACCIO
NUIT D'HORREUR AU CAMPING
Une touriste violée, son compagnon exécuté

M 1989 - 826 - 8,90 F

DÉCEMBRE 2000 - TOUS LES MERCREDIS **8,90 F** Suisse 2,90 FS - Belgique 58 FB Espagne 280 Ptas - Côte d'Ivoire 1100 CFA - CFA avion 1000 CFA Ant/Réun/Guyane 12 F - Canada 3,50 $

le nouveau
DETECTIVE
magazine d'enquêtes

L'AFFAIRE
DES DISPARUES
D'AUXERRE

Emile Louis
LES AVEUX

« J'ai tué les sept filles et je les ai enterrées près de la rivière »

pages 4 à 8

L 9024 - 953 - 8,90 F

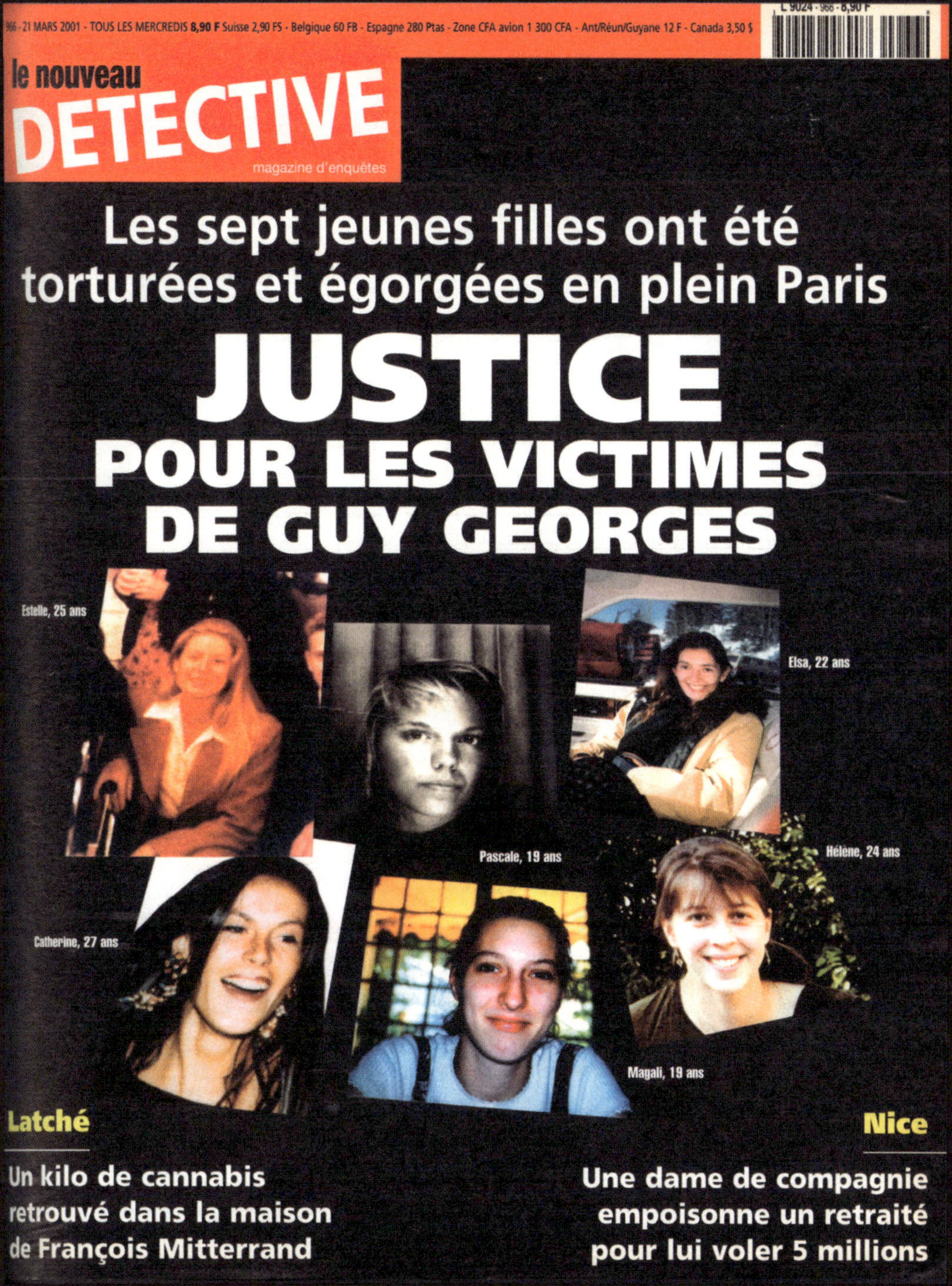

966 - 21 MARS 2001 - TOUS LES MERCREDIS **8,90 F** Suisse 2,90 FS - Belgique 60 FB - Espagne 280 Ptas - Zone CFA avion 1 300 CFA - Ant/Réun/Guyane 12 F - Canada 3,50 $

L 9024 - 966 - 8,90 F

le nouveau
DETECTIVE
magazine d'enquêtes

Les sept jeunes filles ont été torturées et égorgées en plein Paris

JUSTICE POUR LES VICTIMES DE GUY GEORGES

Latché

Un kilo de cannabis retrouvé dans la maison de François Mitterrand

Nice

Une dame de compagnie empoisonne un retraité pour lui voler 5 millions

973 - 9 MAI 2001 - TOUS LES MERCREDIS **8,90 F** Suisse 2,90 FS - Belgique 60 FB - Espagne 325 Ptas - Zone CFA avion 1 300 CFA - Ant/Réun/Guyane 12 F - Canada 3,50 $

le nouveau
DETECTIVE
magazine d'enquêtes

LOFT STORY
Les images que vous ne verrez pas à la télé

CES CRIMES QUE L'ON NOUS CACHE

ENQUETE DANS LES CAVES DE L'HORREUR

Des centaines de jeunes filles séquestrées et violées par des bandes. L'effrayant témoignage de Sabrina et Camille, 14 ans

Photos d'illustration

BRUXELLES

QUI A TUÉ LA JEUNE COMÉDIENNE ?

Barbara, 25 ans, a été retrouvée égorgée dans son appartement

Photo d'illustration

L 9024 - 973 - 8,90 F

992 - 19 SEPTEMBRE 2001 - TOUS LES MERCREDIS **8,90 F** Suisse 2,90 FS - Belgique 60 FB - Espagne 325 Ptas - Zone CFA avion 1 300 CFA - Ant/Réun/Guyane 12 F - Canada 3,50 $

le nouveau
DETECTIVE
magazine d'enquêtes

Un avion devait s'écraser sur Paris
LA PROCHAINE CIBLE SERA LA FRANCE

Ben Laden, suspect n° 1

11 septembre 2001
New York

N'OUBLIEZ JAMAIS

Lire pages 12 à 19

28 NOVEMBRE 2001 - TOUS LES MERCREDIS FRANCE METRO-AND **8,90 F/1,36 €** - Ant/Reun/Guyane 12 F/1,83 € - Belgique 60 FB /1,49 € - Suisse 2,90 FS - Canada 3,50 $
325 Ptas/1,95 € - D 4,5 DM/2,3 € - Lux 60 LUF/1,49 € - May 14,50 F/2,21 € - Zone CFA avion 1 300 CFA.

nouveau
DETECTIVE
magazine d'enquêtes

C'est dans cet appartement du quartier de la Tour-du-Renard que les pervers se donnaient rendez-vous

BOULOGNE-SUR-MER

24 enfants prostitués par leurs parents

L'IMMEUBLE DE LA HONTE

Photos d'illustration

Tout a commencé au 5e étage. Des parents endettés ont vendu leurs enfants. Leurs voisins en ont fait autant. Un prêtre, un huissier, une infirmière, une boulangère en ont profité... *Lire pages 15, 16 et 17*

DESTIN

Simple ouvrier dans une blanchisserie,

IL ÉCRIT UN LIVRE QUI LE REND MILLIONNAIRE

BRUXELLES

Ces « artistes » qui jouent avec la mort

DES CADAVRES EXPOSÉS DANS UNE VITRINE

JEU CONCOURS

Foie gras et grands vins

GAGNEZ VOTRE RÉVEILLON DE NOËL

et un cadeau surprise

L 9024 - 1002 - 8,90 F - 1,36 €

N° 1061 – 15 JANVIER 2003 - TOUS LES MERCREDIS FRANCE MÉTRO-AND 1,40 € - Ant/Réun/Guyane 1,83 € - Belgique 1,50 € - Suisse 2,90 FS - Canada 3,50 $ - Espagne 1,95 € - D 2,3 € - Lux 1,50 € - May 2,21 € - Zone CFA avion 1 300 CFA - Maroc 10 Dhs.

le nouveau DETECTIVE

magazine d'enquêtes

Le miracle de Beauraing

ENQUETE SUR CES CINQ ENFANTS QUI ONT VU LA VIERGE

MELUN

L'ANGOISSE

Les policiers ont retrouvé un indice inquiétant sur le chemin où a disparu Estelle, 9 ans

Estelle s'est volatilisée en rentrant de l'école. Des plongeurs sondent le lac près de chez elle.

L 19024 - 1061 - F: 1,40 €

BRETEUIL

L'EMPOISONNEUSE ECRIT LE SCENARIO DE SES CRIMES SUR UN CAHIER D'ECOLIER

N° 1090 – 6 AOUT 2003 · TOUS LES MERCREDIS · FRANCE MÉTRO-AND 1,50 € · Ant/Reun/Guyane 1,85 € · Belgique 1,50 € · Suisse 2,90 FS · Canada 3,50 $ · Espagne 1,95 € · D 2,3 € · Lux 1,50 € · May 2,25 € · Zone CFA avion 1 300 CFA · Maroc 12 Dhs · Algérie 80 DA

le nouveau DETECTIVE
magazine d'enquêtes

TOULON
UNE ORGANISATION CRIMINELLE DERRIERE LES INCENDIES DU VAR

LA MORT DE MARIE TRINTIGNANT
CE QUI A RENDU FOU BERTRAND CANTAT

- La confession de Bertrand Cantat aux policiers lituaniens
- La nuit où il a décidé d'en finir
- L'enquête de la brigade criminelle

AMSTERDAM
L'AUTEUR D'UN ROMAN POLICIER AVOUE AVOIR COMMIS LE CRIME PARFAIT

L 19024 - 1090 - F: 1,50 €

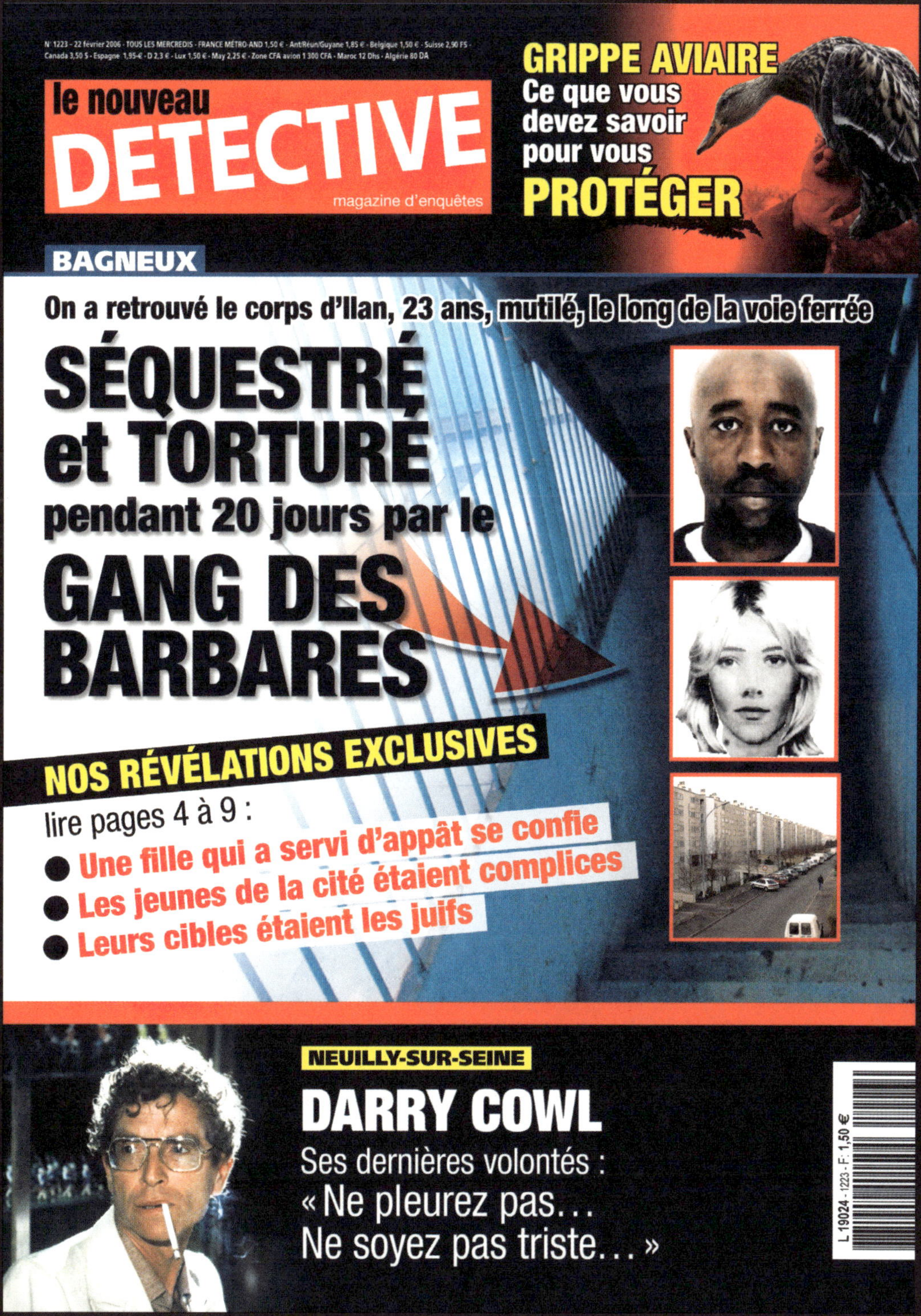

N° 1223 - 22 février 2006 - TOUS LES MERCREDIS - FRANCE MÉTRO-AND 1,50 € - Ant/Réun/Guyane 1,85 € - Belgique 1,50 € - Suisse 2,90 FS - Canada 3,50 $ - Espagne 1,95-€ - D 2,3 € - Lux 1,50 € - May 2,25 € - Zone CFA avion 1 300 CFA - Maroc 12 Dhs - Algérie 80 DA

le nouveau DETECTIVE

magazine d'enquêtes

GRIPPE AVIAIRE

Ce que vous devez savoir pour vous PROTÉGER

BAGNEUX

On a retrouvé le corps d'Ilan, 23 ans, mutilé, le long de la voie ferrée

SÉQUESTRÉ et TORTURÉ pendant 20 jours par le GANG DES BARBARES

NOS RÉVÉLATIONS EXCLUSIVES

lire pages 4 à 9 :

- Une fille qui a servi d'appât se confie
- Les jeunes de la cité étaient complices
- Leurs cibles étaient les juifs

NEUILLY-SUR-SEINE

DARRY COWL

Ses dernières volontés : « Ne pleurez pas… Ne soyez pas triste… »

L 19024 - 1223 - F: 1,50 €

le nouveau
DETECTIVE
zine d'enquêtes
Le tambour s'est enclenché quand il a fermé la porte
MORT PRISONNIER DANS LE SÈCHE-LINGE
Sonny, 4 ans
TUERIE DE NANTES
Toute une famille
ENTERRÉE SOUS LA TERRASSE
+ L'horrible secret du père
+ Une autre femme disparue sur sa route
Notre récit pages 4, 5 et 6
Photo diffusée sur l'avis de recherche
L 19024 - 1493 - F: 1,60 €
MONTPELLIER
Sale fin de soirée au club échangiste :
UN MARI ASSASSINÉ AU HARPON
KATE & WILLIAM
LE SCOOP EN OR DE DETECTIVE
Notre reporter INFILTRE LES COULISSES DU MARIAGE ROYAL

N° 1565 - 12 SEPTEMBRE 2012 - TOUS LES MERCREDIS - FRANCE MÉTRO - AND 1,60 € - ANT/RÉUN/GUYANE 2 € - BEL/LUX 1,60 € - SUISSE 3 FS - CANADA 4.25 $ - ESP/GR/PORTCONT 2,30 € - D 2,50 € - MAY 2,35 € - ZONE CFA AVION 1400 CFA - MAROC 18 DHS - TUNISIE 3,50 TND - N.CAL/S 260 XPF - N.CAL/A 460 XPF - POL/S 270 XPF - POL/A 470 XP

le nouveau
DETECTIVE
magazine d'enquêtes

LA ROCHE-SUR-YON

Une mère irréprochable
FOLLE AMOUREUSE
d'un enfant de 12 ans
SA CONFESSION HALLUCINANTE

ANNECY

L'EFFROYABLE TUERIE DES ALPES

→ L'interrogatoire déchirant de la petite survivante

→ Les cinq erreurs des tueurs

PARIS

Enterrée il y a un an,
SON CADAVRE RÉAPPARAÎT DANS SON LIT !

L 19024 - 1565 - F: 1,60 €

POLICE SCIENTIFIQUE PLUS FORT QUE L'ADN : **L'APPAREIL QUI RECONNAÎT LA VOIX DES ASSASSINS**

www.le nouveau detective.com

DETECTIVE

le nouveau DETECTIVE

Le 1er magazine d'enquêtes

1€,60

N° 1841 · 27 DÉCEMBRE 2017 · TOUS LES MERCREDIS · FRANCE METRO · AND 1,60 € · ANT/RÉUN/GUYANE 2 € · BEL/LUX 1,70 € · SUISSE 3 FS · CANADA 4,25 $ · D 2,50 € · ESP/GR/PORTCONT 2,30 € · MAY 2,35 € · ZONE CFA AVION 1500 CFA · MAROC 18 DHS · TUNISIE 3,50 TND · N.CAL/S 260 XPF · N.CAL/A 450 XPF · POL/S 270 XPF · POL/A 470 XP

AFFAIRE MAELYS

LE PIRE SERIAL KILLER

depuis Francis Heaulme ?

Nordahl Lelandais reste présumé innocent

Un parcours de sang et de larmes

Maëlys
disparue le 27/08/2017

Arthur Noyer
disparu le 12/04/2017

Jean-Christophe Morin
disparu le 10/09/2011

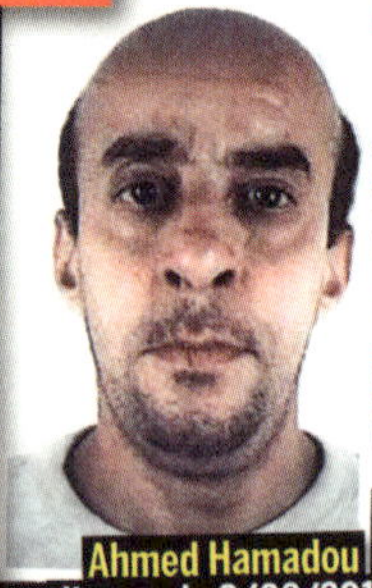

Ahmed Hamadou
disparu le 8/09/2012

M 08578 - 1841 - F: 1,60 €

SEPM TOP ventes
le nouveau
DETECTIVE
Le 1er magazine d'enquêtes
le nouveau DETECTIVE
1€,70 SEULEMENT
Une valise pleine de sang, des photos compromettantes...
LE MYSTERE DE L'ETUDIANTE DISPARUE
L 11140 - 1956 - F: 1,70 €
EXCLUSIF
AFFAIRE ESTELLE MOUZIN
L'atroce aveu de Michel Fourniret
« C'est bien moi, mais vous ne la retrouverez jamais »
Chamonix
ENGLOUTI PAR L'AVALANCHE !
L'incroyable sauvetage du petit skieur
Perpignan
Il se fait justice lui-même
3 balles pour venger sa fille
CORONAVIRUS
ÊTES-VOUS PRÊT ?
Hors-série spécial CORONAVIRUS
LE GUIDE INDISPENSABLE
En vente actuellement

N° 1138 – 7 JUILLET 2004 - TOUS LES MERCREDIS - FRANCE MÉTRO-AND 1,50 € - Ant/Réun/Guyane 1,85 € - Belgique 1,50 € - Suisse 2,90 FS - Canada 3,50 $ - Espagne 1,95 € - D 2,3 € - Lux 1,50 € - May 2,25 € - Zone CFA avion 1 300 CFA - Maroc 12 Dhs - Algérie 80 DA
le nouveau
DETECTIVE
magazine d'enquêtes
LES AVEUX TERRIFIANTS DE LA FEMME DE FOURNIRET
« J'ai aidé mon mari à enlever les petites filles…
…elles sont enterrées dans le parc du château »
Elisabeth Brichet, 12 ans. On la recherchait depuis quinze années. Fourniret avoue l'avoir étranglée.
Samedi 3 juillet. Les enquêteurs mettent au jour deux corps à proximité du château de Sautou, ancienne propriété de Fourniret.
Céline Saison, 18 ans. Fourniret avoue l'avoir enlevée et tuée en mai 2000 à Sedan.
L 19024 - 1138 - F: 1,50 €

N° 1164 - 5 JANVIER 2005 - TOUS LES MERCREDIS - FRANCE MÉTRO-AND 1,50 € - Ant/Réun/Guyane 1,85 € - Belgique 1,50 € - Suisse 2,90 FS -Canada 3,50 $ - Espagne 1,95 € - D 2,3 € - Lux 1,50 € - May 2,25 € - Zone CFA avion 1 300 CFA - Maroc 12 Dhs - Algérie 80 DA

le nouveau
DETECTIVE
magazine d'enquêtes

PAU
Double meurtre à l'hôpital psychiatrique
L'INDICE QUI A PIÉGÉ L'EGORGEUR

L 19024 - 1164 - F: 1,50 €

On ne sait pas qui ils sont.
On les a retrouvés dans les décombres.
Leurs parents sont morts…

Ils sont 30 000
LES ORPHELINS
du raz de marée

N° 1177 – 6 AVRIL 2005 - TOUS LES MERCREDIS - FRANCE MÉTRO-AND 1,50 € - Ant/Réun/Guyane 1,85 € - Belgique 1,50 € - Suisse 2,90 FS - Canada 3,50 $ - Espagne 1,95 € - D 2,3 € - Lux 1,50 € - May 2,25 € - Zone CFA avion 1 300 CFA - Maroc 12 Dhs - Algérie 80 DA

le nouveau
DETECTIVE
magazine d'enquêtes

La mort de Jean-Paul II

LES DEUX JOURS QUI ONT BOULEVERSÉ LE MONDE

MÂCON

La jeune fille dansait au théâtre municipal.
Son assassin était sans doute dans la salle

LA DERNIERE DANSE D'ANNE-SOPHIE

LONDRES

Charles et Camilla

LE PLAN DE LA REINE POUR SABOTER LE MARIAGE

L 19024 - 1177 - F: 1,50 €

N 1242 – 5 juillet 2006 - TOUS LES MERCREDIS - FRANCE MÉTRO-AND 1,50 € - Ant/Réun/Guyane 1,85 € - Belgique 1,50 € - Suisse 2,90 FS -Canada 3,50 $ - Espagne 2,20-€ - D 2,3 € - Lux 1,50 € - May 2,25 € - Zone CFA avion 1 300 CFA - Maroc 12 Dhs - Algérie 80 DA - TOM avion : 400 XPF - TOM surface : 220 XPF
le nouveau
DETECTIVE
FOOT
L'INCROYABLE secret derrière la RÉSURRECTION des BLEUS
DOSSIER
Ils pillent l'argent des entreprises
POUR EN FINIR AVEC LES PATRONS VOYOUS
L 19024 - 1242 - F: 1,50 €
LIEGE
STACY ET NATHALIE
L'horrible vérité sur la mort des fillettes

N° 1398 – 1er JUILLET 2009 - TOUS LES MERCREDIS - FRANCE MÉTRO-AND 1,50 € - Ant/Réun/Guyane 1,95 € - Belgique 1,50 € - Suisse 2,90 FS - Canada 3,95 $ - Espagne 2,20 € - D 2,3 € - Lux 1,50 € - May 2,25 € - Zone CFA avion 1 300 CFA - Maroc 15 Dhs - Algérie 90 DA - TOM avion : 450 XPF - TOM surface : 250 XPF

le nouveau DETECTIVE magazine

MAUBEUGE

Disparition de Typhaine

Les révélations inquiétantes de sa grand-mère

BRUXELLES

Un tueur lui tire une flèche en pleine tête !
L'incroyable témoignage d'un miraculé

Michael Jackson
L'enfant blessé que la mort attendait

SECRET STORY

Elisabeth, ici à son arrivée sur le plateau, a révélé son secret dans un livre.

MEURTRE dans les coulisses de l'émission

L'EFFROYABLE CONFESSION D'UNE CANDIDATE :
« Son corps gisait sur le sol, baignant dans son sang… »

L 19024 - 1398 - F: 1,50 €

N° 1400 - 15 JUILLET 2009 - TOUS LES MERCREDIS - FRANCE MÉTRO-AND 1,50 € - Ant/Réun/Guyane 1,95 € - Belgique 1,50 € - Suisse 2,90 FS - Canada 3,95 $ -
Espagne 2,20 € - D 2,3 € - Lux 1,50 € - May 2,25 € - Zone CFA avion 1 300 CFA - Maroc 15 Dhs - Algérie 90 DA - TOM avion : 450 XPF - TOM surface : 250 XPF
le nouveau
DETECTIVE
magazine d'enquêtes
LES GLÉNAN
L'ado était parti en stage de voile
ÉTRANGLÉ PAR UN MONITEUR FOU
PÉROUSE
L'égorgeuse au visage d'ange
Amanda a assisté au viol de sa colocataire, puis elle lui a tranché la gorge de ses propres mains…
Selon ses aveux, rétractés par la suite (pages 4 à 6)
L 19024 - 1400 - F: 1,50 €
La scène du crime. Amanda nie aujourd'hui avoir égorgé une jeune fille sur ce lit.
PARIS
Déja 160 victimes !
ALERTE AU FAUX CHIRURGIEN
Il n'a aucun diplôme et opère dans les hôpitaux
NOTRE JEU DE L'ÉTÉ
Retrouvez Gégé et gagnez un VOYAGE À L'AUTRE BOUT DU MONDE
Gégé
Ils vont donner un concert pour leur père
L'INCROYABLE PACTE DES ENFANTS DE
Michael Jackson

N° 1506 - 27 JUILLET 2011 - TOUS LES MERCREDIS - FRANCE MÉTRO - AND 1,60 € - Ant/Réun/Guyane 2 € - Bel/Lux 1,60 € - Suisse 3 FS - Canada 4.25 $ - Esp/Gr/PortCont 2.30 € - D 2.50 € - May 2,35 € - Zone CFA avion 1400 CFA - Maroc 18 Dhs - Algérie 100 DA - Tunisie 3,50 TND - N.Cal/S 260 XPF - N.Cal/A 460 XPF - Pol/S 270 XPF - Pol/A 470 XPF
le nouveau DETECTIVE
magazine d'enquêtes
Retrouvée morte à 27 ans Le destin tragique d'Amy Winehouse
NORVEGE : Reportage au cœur de l'horreur
CARNAGE
sur une île de vacances
L 19024 - 1506 - F: 1,60 €
+ Des dizaines d'ados exécutés à bout portant
+ Le tueur est arrivé en bateau
Il n'y avait aucune issue pour fuir
+ Les survivants racontent

N° 1588 - 20 FÉVRIER 2013 - TOUS LES MERCREDIS - FRANCE MÉTRO - AND 1,60 € - ANT/REUN/GUYANE 2 € - BEL/LUX 1,60 € - SUISSE 3 FS - CANADA 4.25 $ - ESP/GR/PORT.CONT 2,30 € - D 2,50 € - MAY 2,35 € - ZONE CFA AVION 1400 CFA - MAROC 18 DHS - TUNISIE 3,50 TND - N.CAL/S 260 XPF - N.CAL/A 460 XPF - POL/S 270 XPF - POL/A 470 XP
le nouveau
DETE
1€,60
SEULEMENT
LYON
10 ans après sa mère, une jeune fille assassinée dans les mêmes conditions
LE TERRIFIANT MYSTÈRE
Oscar Pistorius a été inculpé du meurtre de sa femme.
RETROUVÉE MORTE, GISANT DANS SON SANG
Le héros aux pieds d'acier est devenu un tueur
LES TREIZE MINUTES OÙ TOUT A BASCULÉ
L 19024 - 1588 - F: 1,60 €
PANIQUE
Après le départ du pape, un déluge de feu s'abat sur la terre
LA PROPHÉTIE DE L'APOCALYPSE SE RÉALISE
SIBÉRIE
50 ANS SANS RENCONTRER UN SEUL HUMAIN
Une famille s'isole en pleine forêt au milieu des animaux

le nouveau
DETECTIVE
magazine d'enquêtes
BAYREUTH
QUI A TUÉ LA PETITE PRINCESSE AU GRAND SOURIRE ?
ARFONS
Le village le plus riche de France
Le jackpot est tombé du ciel !
Derrick
ACCUSÉ DE CRIMES MONSTRUEUX
Les horribles secrets de sa jeunesse
EPERLECQUES
WESTERN SANGLANT chez les CH'TIS
AMANDA KNOX
Accusée d'avoir violé et égorgé sa meilleure amie
L'INTERVIEW
CHOC
L 19024 - 1599 - F: 1,60 €

le nouveau
DETECTIVE
PRISON DE TOUL
Un enfant livré à un
PÉDOPHILE au PARLOIR
CLERMONT
MORT DE
FIONA
Fiona avait 5 ans
LES
SALAUDS
La petite fille est morte sous les coups.
Puis ils l'ont enterrée comme un chien.
Tuerie de Nairobi
UN ENFANT DE 4 ANS TIENT
TÊTE AUX TERRORISTES !
PERPIGNAN
Un quatrième
cadavre sur la
route du
légionnaire
L 19024 - 1620 - F: 1,60 €

le nouveau
DETECTIVE
le nouveau
DETECTIVE
magazine d'enquêtes
N° 1719 - 26 AOÛT 2015 - TOUS LES MERCREDIS - FRANCE MÉTRO - AND 1,60 € - ANT/RÉUN/GUYANE 2 € - BEL/LUX 1,70 € - SUISSE 3 FS - CANADA 4,25 $ - D 2,50 € - ESP/GR/PORTCONT 2,30 € - MAY 2,35 € - ZONE CFA AVION 1400 CFA - MAROC 18 DHS - TUNISIE 3,50 TND - N.CAL/S 260 XPF - N.CAL/A 450 XPF - POL/S 270 XPF - POL/A 470 XP
PALOMERA
Leur tombe est déjà prête
les deux amies ne le savent
pas encore
DERNIER SELFIE
AVANT DE MOURIR
Spencer
Stone, 24 ans,
soldat de l'U.S
Air Force.
L 19024 - 1719 - F: 1,60 €
ARRAS
ATTENTAT
DU THALYS
SANS LUI
C'ÉTAIT UN
CARNAGE
Récit d'un incroyable exploit

le nouveau DETECTIVE
magazine d'enquêtes

le nouveau DETECTIVE

magazine d'enquêtes

N° 1731 - 18 NOVEMBRE 2015 - TOUS LES MERCREDIS - FRANCE MÉTRO - AND 1,60 € - ANT/RÉUN/GUYANE 2 € - BEL/LUX 1,70 € - SUISSE 3 FS - CANADA 4,25 $ - D 2,50 € - ESP/GR/PORT CONT 2,30 € - MAY 2,35 € - ZONE CFA AVION 1400 CFA - MAROC 18 DHS - TUNISIE 3,50 TND - N.CAL/S 260 XPF - N.CAL/A 460 XPF - POL/S 270 XPF - POL/A 470 XP

ATTENTATS
13 NOVEMBRE 2015

NOUS SOMMES DEBOUT

- **EXCLUSIF :** Dans les coulisses de la BRI au moment de l'assaut
- Avec notre reporter à l'intérieur du Bataclan
- Sur la piste des kamikazes en Belgique

Grand récit
LE MYSTÈRE DE L'ENFANT DE LA TAMISE

SAINT-MALO
L'escroc met en scène sa propre mort

MONTLAUR
L'assassin habite rue des Couteaux

SALVIAC
Intrigue immobilière et meurtre chez les notables

CHATEAUNEUF
LA MORT AU FOND DU PUITS

NOUVELLE ORLÉANS
Elle s'échappe de LA MAISON DES TORTURES

L 19024 - 1731 - F: 1,60 €

le nouveau
DETECTIVE
magazine d'enquêtes

APRÈS LES ATTENTATS

LES LARMES DES ORPHELINS
DU 13 NOVEMBRE

Une petite fille dépose une bougie en hommage à tous les enfants qui ont perdu une mère ou un père dans l'attentat.

Plus tard, ils nous demanderont pourquoi nous avons laissé faire ça Lire pages 3 et 10 à 15.

L 19024 - 1732 - F: 1,60 €

LONS-LE-SAUNIER
L'HOMME MARIÉ SE SUICIDE APRÈS UNE NUIT LIBERTINE AVEC DES ADOS

A lire aussi :
DUNKERQUE TRAFIC CHEZ LES PÊCHEURS : du bar pollué dans les grands restaurants ? HÉGENHEIM Luka, 12 ans, tué d'une balle dans un bus scolaire.
GRAND JEU DE NOËL Gagnez un super panier à 159 euros !

le nouveau DETECTIVE

www.le nouveau detective.com

DETECTIVE

Le 1er magazine d'enquêtes

1€,60

GRAND JEU été!

FERIEZ-VOUS UN BON FLIC ?

Menez un interrogatoire et gagnez des iPad !

Copenhague

L'incroyable enquête d'une journaliste finit dans le sang...

Kim Wall, 30 ans, journaliste

UC3

DÉCAPITÉE DANS UN SOUS-MARIN

Londres

Kidnappée et séquestrée pour être vendue aux enchères sur le darknet !

Le top model Chloe Ayling

Roubaix

20 ans qu'elle n'avait pas vu sa fille... Des retrouvailles au goût de sang

1997-2017 : mort de Lady Diana

Comment le prince William la fait revivre dans LE CŒUR DE SES PETITS-ENFANTS

M 08578 - 1824 - F: 1,60 €

www.le nouveau detective.com

le nouveau DETECTIVE

DETECTIVE

Le 1er magazine d'enquêtes

Dossier Comment les djihadistes INFILTRENT NOS ÉCOLES !

1€,60

Le Pont-de-Beauvoisin

Kidnappée en plein mariage PAR UN INVITÉ

LA NUIT TRAGIQUE de Maëlys

Tout sur le parcours du suspect

Arrêté, Nordahl L. a été mis en examen mais reste présumé innocent

Cette photo de Maëlys, prise le jour de la fête, a servi pour l'appel à témoins.

M 08578 - 1825 - F: 1,60 €

www.le nouveau detective.com

le nouveau DETECTIVE

DETECTIVE

1er magazine d'enquête

1€,60

N° 1839 - 9 DÉCEMBRE 2017 · TOUS LES MERCREDIS · FRANCE METRO · AND 1,60 € · ANT/REUN/GUYANE 2 € · BEL/LUX 1,70 € · SUISSE 3 FS · CANADA 4,25 $ · D 2,50 € · ESP/GR/PORT CONT 2,30 € · MAY 2,35 € · ZONE CFA AVION 1500 CFA · MAROC 18 DHS · TUNISIE 3,50 TND · N.CAL/S 260 XPF · N.CAL/A 460 XPF · POL/S 270 XPF · POL/A 470 XP

NUMÉRO SPÉCIAL

Le 6 décembre, LE ROCKER S'EST ÉTEINT chez lui à Marnes-la-Coquette, Lætitia à ses côtés...

ADIEU Johnny

M 08578 - 1839 - F: 1,60 €

www.le nouveau detective.com
le nouveau DETECTIVE
DETECTIVE
Le 1er magazine d'enquêtes
1€,60
AFFAIRE ALEXIA
Gray-la-Ville
Jonathann Daval a été mis en examen pour meurtre sur conjoint et reste présumé innocent.
Il n'a pas tout dit...
LES AUTRES SECRETS de Jonathann
RECTIFICATIF
Par erreur, nous avons publié dans notre numéro 1846, daté du 31 janvier 2018, la photo d'une personne présentée comme étant le père meurtrier de la petite Méline. Or, cette personne est totalement étrangère à ce fait.
Nous lui présentons toutes nos excuses.
M 08578 - 1847 - F: 1,60 €

www.le nouveau detective.com
le nouveau DETECTIVE
DETECTIVE
Le 1er magazine d'enquêtes
1€,60
Ars-sur-Moselle
• Pour se venger de sa femme il pend son fils de 2 ans
Hyères
• Ses parents veulent l'interner, il les massacre
SUPER U
GENDARMERIE
EXCLUSIF
ATTAQUE TERRORISTE
Ce qui s'est vraiment passé dans le supermarché
Le gendarme Arnaud Beltrame
CE HÉROS
S'EST SACRIFIÉ POUR SAUVER LES OTAGES
M 08578 - 1854 - F: 1,60 €

le nouveau
DETECTIVE
Le 1er magazine d'enquêtes

1€,70

Banyuls-sur-Mer La bonne surprise des vacances :
SA BANQUE LE CRÉDITE DE 177 000 € PAR ERREUR !

Des collégiennes séquestrées, violées et soumises au silence...

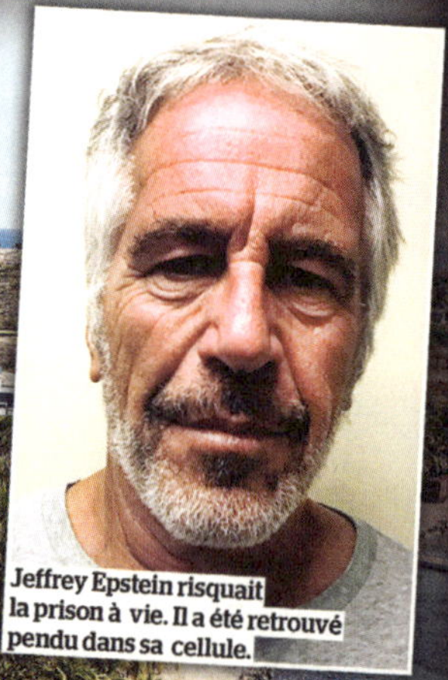

Jeffrey Epstein risquait la prison à vie. Il a été retrouvé pendu dans sa cellule.

Paris-Caraïbes
DANS LE SECRET DE L'ÎLE AUX PÉDOPHILES

Les rabatteurs seraient français !

Accusés par plusieurs victimes, ils ne sont pas, pour l'instant, poursuivis par la justice et sont, bien évidemment, présumés innocents.

Ghislaine Maxwell

Jean-Luc B.

Dossier
Saccages, viols, meurtres...
Au secours, les touristes débarquent !

Tours
Jalouse de sa petite-fille de 6 mois,
la grand-mère l'étrangle à mains nues

N° 1927 · 21 AOÛT 2019 · TOUS LES MERCREDIS · FRANCE MÉTRO · AND 1,70 € · ANT/RÉUN/GUYANE 2 € · BEL/LUX 1,80 € · SUISSE 3 FS · CANADA 4,25 $ · D 2,50 € · ESP/GR/PORT CONT 2,30 € · MAY 2,35 € · ZONE CFA AVION 1500 CFA · MAROC 18 DHS · TUNISIE 3,50 TND · N CAL/S 260 XPF · N CAL/A 460 XPF · POL/S 270 XPF · POL/A 470 XPF

M 08578 - 1927 - F: 1,70 €

SEPM TOP ventes

le nouveau
DETECTIVE
Le 1er magazine d'enquêtes

1€,70 SEULEMENT

NUMÉRO SPÉCIAL

DISPARITION DE MADDIE

Christian Brueckner, 43 ans. Retour sur son parcours criminel effrayant.

L'ATROCE DÉNOUEMENT

L 11140 - 1969 - F: 1,70 €

SEPM TOP ventes
le nouveau
DETECTIVE
Le 1er magazine d'enquêtes
1€,70 SEULEMENT
ENQUÊTE EXCLUSIVE
• Les horribles secrets de son club de boxe
• Témoignage choc
• Photos inédites
NORDAHL LELANDAIS
LÀ OÙ TOUT A COMMENCÉ
L 11140 - 1978 - F: 1,70 €

SEPM TOP ventes
le nouveau
DETECTIVE
1er magazine d'enquêtes
1€,70 SEULEMENT
Toulouse
Parce qu'elle allait lui couper les vivres
IL POIGNARDE SA MÈRE DE 209 COUPS DE COUTEAU
AFFAIRE ÉLISA PILARSKI
Les 46 pages du rapport sont accablantes
LE SEUL TUEUR, C'EST CURTIS
ATTAQUE DE NICE
Les derniers mots de Simone avant de mourir :
« DITES À MES ENFANTS QUE JE LES AIME... »
CORONAVIRUS
2 ATTESTATIONS DE SORTIE À DÉCOUPER
N° 1990 – 4 NOVEMBRE 2020 – TOUS LES MERCREDIS – FRANCE MÉTRO - AND : 1.70 € - DOM/A : 2 € - MAU/A : 2.60 € - BEL/LUX : 1.80 € - SUISSE : 3 FS - CANADA : 4.25$ - D : 2.70 € - ESP/GR/PORT. CONT : 2.30 € - ZONE CFA AVION : 1500 CFA - MAROC : 18 DHS - TUNISIE : 3.50 TND - N.CAL/S : 260 XPF - N.CAL/A : 460 XPF - POL/S : 270 XPF - POL/A : 470 XPF
BurdaBleu
L 11140 - 1990 - F: 1,70 €

SEPM TOP ventes
le nouveau
DETECTIVE
Le 1er magazine d'enquêtes
1€,70 SEULEMENT
Exécutées dans leur lit
INSÉPARABLES JUSQUE DANS LA MORT
PROCÈS DAVAL
La question qui hante les parents de la jeune femme...
ALEXIA,
EMPOISONNÉE
PENDANT DES MOIS ?
Le Grau-du-Roi
Mère et fils ont disparu au large
GUET-APENS EN JET-SKI
INCROYABLE
UN SAUVETAGE À 230 KM/H !
BurdaBleu
L 11140 - 1992 - F: 1,70 €
N° 1992 - 18 NOVEMBRE 2020 - TOUS LES MERCREDIS

SEPM
TOP ventes
le nouveau
DETECTIVE
Le 1er magazine d'enquêtes
1€,70 SEULEMENT
AFFAIRE FIONA
Condamnée à vingt ans, sa mère tente de se suicider
PRÊTE À TOUT POUR ÉVITER LA PRISON
AFFAIRE GRÉGORY
Ses parents mènent leur enquête et réclament des analyses ciblées
POUR LEUR FILS,
ILS NE LÂCHERONT JAMAIS
BurdaBleu
L 11140 - 1997 - F: 1,70 €

SEPM
TOP
ventes
le nouveau
DETECTIVE
Le 1er magazine d'enquêtes
1€,70
SEULEMENT
VINGT ANS DE
PRISON POUR
LELANDAIS
LA CHUTE
DES MONSTRES
LA MORT POUR
FOURNIRET
Lyon
En pleine
séance SM,
L'ESCORT-GIRL
ABAT SON CLIENT
L 11140 - 2019 - F: 1,70 €

SEPM TOP ventes
le nouveau
DETECTIVE
Le 1er magazine d'enquêtes
1€,80 SEULEMENT
« La petite fille des packs de lait »
SOS pour retrouver MARION
MARION WAGON
KIDNAPPÉE À AGEN il y a vingt-cinq ans
8 PAGES de révélations et de photos exclusives
NOTRE CONTRE-ENQUÊTE EXPLOSIVE
Comment ils ont laissé filer les principaux suspects
L 11140 - 2044 - F: 1,80 €

SEPM TOP ventes

le nouveau

DETECTIVE

PROCÈS LELANDAIS

Le 1er ... d'enquêtes

1€,80 SEULEMENT

Même devant la photo de Maëlys, il baisse les yeux...

CE REGARD QUE LE MONSTRE N'OSE PAS AFFRONTER

L 11140 - 2058 - F: 1,80 €

« Monsieur Nordahl Lelandais reproche au magazine *Le Nouveau Détective* d'avoir porté atteinte à sa présomption d'innocence dans le cadre d'un article publié dans son édition en date du 26 janvier 2022. Dans un cadre amiable, le magazine a accepté de verser une indemnisation à Monsieur Lelandais et de publier le présent encart. »

SEPM
TOP
ventes
le nouveau
DETECTIVE
Le 1er magazine d'enquêtes depuis 1928
1€,90
SEULEMENT
L'histoire
d'un règne
d'exception
• 70 ans sur le trône et
6 tentatives
d'assassinat
• Sa vie, ses drames,
ses amours en
10 photos cultes
GOODBYE
ELIZABETH
1926 - 2022
L 11140 - 2088 - F: 1,90 €

ISBN : 978-2-7533-0447-5
Achevé d'imprimé en octobre 2022 par l'imprimerie PB Tisk
Dépôt légal : novembre 2022